徐兆勳著

佛教義理及修行

簡介經中之王——妙法蓮華經兼論佛法之修行

文史哲出版社印行

國家圖書館出版品預行編目資料

佛教義理及修行：簡介經中之王—妙法蓮華經兼論佛法之修行 / 徐兆勳著.
-- 初版 -- 臺北市：文史哲, 民 108.01
頁; 公分
ISBN 978-986-314-450-2（平裝）

1.法華部 2.佛教修持

221.51　　108000608

佛教義理及修行

簡介經中之王 —— 妙法蓮華經兼論佛法之修行

著者：徐兆勳
出版者：文史哲出版社
http:// www.lapen.com.tw
e-mail：lapen@ms74.hinet.net
登記證字號：行政院新聞局版臺業字五三三七號
發行人：彭正雄
發行所：文史哲出版社
印刷者：文史哲出版社
臺北市羅斯福路一段七十二巷四號
郵政劃撥帳號：一六一八〇一七五
電話886-2-23511028 · 傳真886-2-23965656

定價新臺幣三二〇元

民國一〇八年（2019）元月初版

ISBN 978-986-314-450-2　　20014

序

佛教大藏經，資料浩瀚，想認識佛教者，無從下手，況甫入門，需受誤訛之絆及偏導，令人感嘆；本書第一章「緣由」，特指陳此等偏誤，故此章抑「序文」也。

為使讀者更易登門入室，乃直嚮佛教核心——佛經之王妙法蓮華經，以簡入勝，乃承智者大師之慧示：

「此經唯論如來設教大綱，不委微細網目」而述佛諦，全文歸納為五個"W"，以旨見述——

壹、總述於一——本體，以四"W"表達如來「設教大綱」，諦解宇宙之「所以然」，旨闡「無為法」：

第一個"W"——whole．宇宙整體多大？曰：無限大——時間無始無終，空間無邊無際。

第二個"W"—what宇宙本體是什麼？曰：佛—心、佛、眾生，是一非三，即自身，涵攝無量。

第三個"W"—who誰說此本體真諦？曰：釋迦牟尼佛—法身、報身、化身如一，即如來。

第四個"W"—why為何如是說？曰：不壞假名，而說諸法實相—無明即法性。

貳、分述於多—法門，第五個"W"—how分述「如何做」，令「知其然」而成無量法門，旨陳「有為法」。

叁、據述結論：佛教者，一切眾生皆可成佛—往昔震旦，現在中華，未來華藏世界。

遍見社會多論**台灣價值**，所論者多具形式，罕見旨諦；本書於結語中特強調：「**吾人不可忘本**」，須知我們**血源**、**文化源**之DNA為何？連橫有考於是、有鑑於是—「洪維我祖宗，渡大海，入荒陬，以拓殖斯土，為子孫萬年之業者……惟仁惟孝，以**發揚種性**」。由見台灣價值乃臍繫中華文化，總涵於儒、釋、道哲諦；英國史學家湯恩比說：「唯有中國的『儒家思想』與『大乘佛法』能拯救二十一世紀的人類社會」，吾人皆知，儒家思想與大乘佛法是中華文化的骨髓，邇見達賴喇嘛說：「習近平主席指出佛教是中華文化不可分割的一部分，他的母親和妻子都是佛教徒，加上約有四億中國人修習佛教，此數且正在成長……」；緣此，我們以華嚴宗一含多德之義諦以闡，中華文化必臻華藏世界也，佛教言：藏者，涵攝、出生、具德義，故東藏（台灣）、西藏（喇嘛）、南藏（香港）、北藏（維吾爾），具是一藏，大藏經，就是闡此「藏」義者，經雖浩瀚，義理則朗甚——權施「法門之方」，圓臻「華藏之果」，實現「本體之諦」也，亦即以主因「自力」融合助緣「他力」——民族、地域、文化等，以進大同。

居士徐兆勳敬序　二〇一九年元月一日

佛教義理及修行

又名：簡介經中之王——妙法蓮華經，兼論佛法之修行

目次

佛教義理及修行

（簡介經中之王——妙法蓮華經，兼論佛法之修行）

第一章　緣由

第一節　宗教概念及佛教之基本義理

一般言宗教其定義為：有所宗以為教也，學識上所說的宗教religion，此名詞源於拉丁語religio，乃運用人類對於宇宙、人生的神秘所發生的恐怖、怪異、期望等心理，而構成一種勸善懲惡之教義，以教化大眾，使其信仰者也，蓋人生多無奈，且是一連串的組合，故宗教以求**去惡求安**為宗尚；略析：現實人生有三大因素無法充分掌握：一者，疾病；二者，橫禍；三者，阻力；亦即健康、平安、順利之難期如意也；此三者乃從消極層面言者，若從積極層面言，人生有「真、善、美、聖」之冀求；求真，科學之務也；求善，道德之務也；求美，藝術之務也；求聖則屬宗教範疇；所謂科學之務，即言**科學乃敘述事實者**，而**善、美、聖，則為解釋事實者**；現實以觀，人類智、能，均可達於真、善、美境界，但「求聖」則需「**他力**」**助成**，**蓋**健康（**無病**）、平安（**無禍**）、順利（**無阻**）等三因素非人力所可完全掌握者，此種祈求他力之心、行，即宗教之所由生也；史實：宗教一詞，出自佛教華嚴一乘教義分齊章（註一），華嚴宗賢首大師闡此「開宗立教」之旨意，賢首述此之時，亦是我們中土習慣稱「宗門教下」之武皇則天之時，但此宗門教下之意，非「宗教」定義，而係簡述禪宗為「宗」，禪宗之外，皆名為「教」，二者不可混談也。

一、宗教屬「實踐理性」範疇

德國大哲學家康德之闡宗教屬「實踐理性」，闡為「道德哲學」、「宗教哲學」，指出宗教並非「科學信仰」，蓋信仰與科學非同一領域，康德云科學為「純粹理性」範疇，崇奉「**自然**」（物理），乃「現象界」之所然，故須依「**決定性之概念**」而成立，並非先驗的，佛教云之為「世間法」者、云為「有為法」者；而宗教卻屬性「實踐理性」，追求意志「**自由**」，性屬先驗，佛教云為出世間法者。

二、基督教、回教之旨趣

先述基督教、回教之義旨：釋聖嚴法師於比較宗教學（中華書局出版）中，所言甚諦，他說基督教、回教、一神教、二神教、多神教……等之基本特性：

「基督教與回教是公認的一神教，此二教均與猶太教有深厚的淵源，回教兼受基督教及猶太教的恩賜而成立，基督教受猶太教的遺產而革新，猶太教則受古巴比倫及古埃及的刺激而形成，在摩西（西元前一千五百年）之前，巴比倫已有一神信仰，已有了一部二百八十五條律法法典，這使摩西完成了一部耶和華的崇拜及十誡的規定。到了西元前第六世紀以後，舊約的故事陸續編寫出來，其中的許多觀念，都是採自古巴比倫、古埃及、波斯宗教的材料，例如創世紀神話、方舟神話、魔鬼神話、不拜偶像、一神信仰等，無一不是來自其他的宗教……基督教自以為是高級的一神教，實則從其一元論的二分法（神造萬物是一元論，善、惡絕對是二分法）來看，既可稱為一神教，又可稱為二神教（信有義神及魔神），更可稱為多神教（耶和華天父的國中有許多天使，撒旦的治下有許多魔鬼），在希伯來人的構想中，把他們說成是超神的宗教，認為上帝創造宇宙，主宰萬物，宇宙萬物為上帝所有，上帝卻不屬於宇宙萬物的同一性質，而是超然在宇宙萬物之外，**這是解說不通的神話**，故到保羅加入基督教之後，才用希臘哲學家斯多噶派的泛神論，補充了希伯來宗教超神論的缺陷」。

吾人皆知聖經不是耶穌所說的，可蘭經不是穆罕默德所說的，而佛經則完全是釋迦牟尼佛所說的事實──曠世不可更改一字，亦無任何弟子可隨意增減者，不似他經，可由門徒任意修改，例如聖經即有後代門徒新作，而名新約者，我們以此推論，日後不無更有後改者，以取代新經之發生，宗教所依經典，時可更易，當然也將有**推翻原經或全教**之可能，最起碼的邏輯是──真理至諦是不變的，可修改的事理即非真諦。

前言基督教、回教是「**一神教**」，例如可蘭經十一章言：「你們在安拉以外無友」，回教所敬奉的神安拉，即是猶太教所敬奉的耶和華，可蘭經一百十二篇言：「安拉是唯一的神，永劫的神，他是不產生的神，也是不能產生的神，可以比他的，沒有一個」，回教同猶太教絕對服從耶和華一樣，教主穆罕默德是真主的欽差，並不是神，這與基督教認耶穌為神不同，回教徒以為摩西、耶穌只是古代的先知而已；我們皆知宗教非建立在理論層次上，不宜超範疇論述，更不宜以先「假設」其存在，再「求證」其可能之方式論述。

我們都知道，超出現象存在，而肯認「能創造萬物」的存有，這在西洋稱為「**神學**」，不稱「**存有論**」，以其認為「能創造萬物」的存有，是無限性的「**個體**」存有，這個「**人格神**」，他們稱作「**上帝**」，這是「**智神**」的上帝——「**世界之創造者**」，不是「**理神**」的上帝——「**世界之原因**」；**智神，是**被「假設」而有者，是排他的，沒有任何神可與其相匹者，此等論述，非純粹理性範疇，無法以學理、學術探討，但其已先自我否定，排斥**理神**之存在，即表示宇宙**無理可據**，其所主張，亦非契理，乃示：一、人上有絕對權威者，任人皆須臣服；二、人的**智能不足**，只有隨從之性，無主導之能，任何人都只能擔任代言人腳色；此者甚怪之**神學**也，既無理據，亦無事據，一任編造，而又須聽從肯認，此編造者，即假己隨意之言，得一令天下，顯無法理以示無限，只得於耶穌之上，另立上帝，穆罕默德之上亦安有安拉；試觀，人之如己身所呈平凡之能，又以何智能理解其無理之論？上帝豈非即為「**丐詞**」（邏輯用語——以待證之詞作為證詞）？

今舉基督教教義數例以觀，彼等所依之「智神」，又何等奇特和情感用事：

—聖經創世記說：「耶和華後悔造人於地」，耶和華說：「我要將所造的人和走獸……都從地上除滅」；這頗令人詫異，上帝是全智者，所做之事有所後悔，即表示其智慧不足，此可稱無所不知者乎？

—又說：「耶和華神對亞當、夏娃說：分別善惡樹上的果子，你不能吃……那人（夏娃）偷吃，已與我 們相似，能知道善惡，現在恐怕他伸手又摘生命樹的果子吃，就永遠活著」，可見上帝是不希望人類有辨解善惡之能力，更不希望人類永久不死，上帝胸懷如此狹隘，豈不怪哉。

—創世記又說，夏娃生了兩個兒子，有一日大兒子該隱和二兒亞伯，各以其供物獻給上帝耶和華，耶和華看中了亞伯和他的供物，看不中該隱和他的供物，該隱就大大的發怒，耶和華說：「你為什麼發怒？你若行得好，豈不蒙悅納？」，該隱怒中就把他的弟弟亞伯殺了……上帝以自己之偏好及好、惡之情識遷怒，又不勸和兄弟，豈不怪哉。

—創世記又說：「神說我們要照著我們的形像，按著我們的樣式造人」，由此可知，「上帝不是本體」，他是有形像的，只是本體中之屬體，乃一被設定之「人格神」，非如佛教稱釋迦牟尼佛為法身——無形相者，為度眾生而另成形，應化在人間，此乃有所諦理焉。

——新約．馬太福音云：「凡有的，還要加給他，教他有餘；凡沒有的，連他所有的，也要奪去」，其義就是使富者愈富，貧者愈貧，社會學家稱此為「馬太效應」者，這種觀念與中國濟弱扶傾、抑強扶弱的道義相違，更違背佛教普濟、普施、普度眾生義諦，其所標榜「神愛世人」，只愛有錢人，不愛窮人，我們難以理喻其乖異，這種失德之言，也稱「福音」嗎？

舉不勝舉，以上所陳，概悉聖經內容梗概。

由此略述，知猶太教、基督教、伊斯蘭教勢將受其諸多異緣之所纏，困於**獨一無二**之有囿也，試觀現例：耶路撒冷，一沿無盡糾葛難解之異教緣、地緣、族緣、文化緣、外力緣、迷緣……總言：**佛緣未足**之故也……解決之道，**因滅果滅也**；因者何耶？現前霸取利益之苦執不捨也；史實可溯、可鑑，一明真理也，而當今最能赴緣取益（智者大師語）者，厥為天主教宗或聯合國，而霸強美國，旨於戰略制衡，恆偏一方，當事之諸國遂難滅前世之業，而承今世之果也；此等之根，華嚴宗指謂**壞相**之然，義即恆破圓融之因者，乃「諸義各住自法，不移動故」，所謂解決之道，因滅果滅者，務使**壞相**不成——不住自法，諸義緣成也，譬以色列、巴勒斯坦一旦有悟，而合成一國，諸緣和合，聖代有以俟也。

太虛大師特指出：「**今世之宗教，有求生天國，奉事天主者，皆是此天**」（民國十四年三月於北京講述仁王護國經言），此天即指**忉利天**言，可知基督教、回教、道教等教主，皆是指**忉利天主**——釋提桓因，其名皆為**假名**（見下文述）者，此天距四聖界非常之遙，**基督教徒皆云上帝應為大梵天**，此雖無法以科學論據，其又無「出世間」之論，但權可認同之。

三、佛教義諦——基督、安拉之原由，即宇宙本體，假名佛。

前云佛經完全是釋迦牟尼佛所說的事實，試想：我們常人，要述說一論，必先有論之構想，有論之內容草稿，加以熟練，才得演說，此中準備工夫，非可疏玩，若再有論亦復如是，人之一生，極有限量之論述也，況又無休；然本師釋迦牟尼佛講經，不見稍懈，日以繼夜，以言上述準備工夫，如何勝荷者？汗牛充棟之佛經，何以致然者？本師在世時，衣、食等皆靠乞而有，陋之極也！何其苦哉！何其勞哉！

佛教義諦，詳見下文第二段──「宇宙全體等於其自身」所闡，此文先點出宇宙本體為何？釋迦牟尼佛於仁王經中已具體言：「**吾今所化大千世界**」，意即「這個世界是我變化出來的」，義理表達出「我就是世界，世界與我為一」；非似他教言：「世界是上帝創造的」，以致無法圓說自己是誰創造的窘境。須知**釋迦牟尼佛的本懷就是要使所有眾生成佛**，而基督教、回教最忌人人都可成上帝，最忌人人都可成安拉，研究宗教前，須有此認識也。

牟宗三教授說：「耶教**有宗無教**，意即耶教無實踐程序」（註一一）。我們常見許多宗教，於修行中，只講求祈禱，以為「有求即有得」，須知「求」與「得」的關係，正如康德所說二者是「**綜合關係**」非「分析關係」，即如孟子所云「求之有道，得之有命」之諦，牟宗三教授言：「基督教只『**神話式地講原罪**』，而無真切的罪惡意識，亦以其有宗無教，主體之門不開，無愼獨之實踐工夫，一切都交給上帝，這眞成了命定主義……命是虛意，非經驗概念，亦非知識中之概念，而是實踐上的虛概念，不是時間空間中的客觀事實，非可以命題陳述者」這乃最詳實之說明。

佛教云整體世界乃「十法界」—佛、菩薩、辟支佛、阿羅漢，此稱四聖界；天、人以下為六凡界；以六凡界之天言，有無色界四天、色界十八天、欲界六天，共計二十八天，特別與人關係密切者乃欲界天，尤其此中之四王天、忉利天（三十三天），因空間鄰接而最親，忉利天主即釋提桓因，可知前云基督教、回教，吾國之道教等皆然，皆是宗主於**忉利天主**者，這是立體於空間之最直接概念，但佛教非宗此主，蓋此天（**忉利天**）之上，猶有天，更有之上的阿羅漢、辟支佛、菩薩、佛也。

茲表列如下，俾清晰概念：

壹、四聖界：佛、菩薩、辟支佛、阿羅漢。

貳、六凡界：

一、天界——二十八天：

【一】無色界**四**天：（一）非想非非想處天（二）無所有處天（三）識無邊處天（四）空無邊處天。

【二】色界**十八**天：

（一）、四禪九天：**五淨居天**——色究竟天、善現天、善見天、無熱天、無煩天；及無想天、廣果天、福生天、無雲天。

（二）、三禪三天：遍淨天、無量淨天、少淨天。

（三）、二禪三天：光音天、無量光天、少光天。

（四）、初禪三天：**大梵天**、梵輔天、梵眾天。

【三】欲界**六**天：（一）他化自在天（二）化樂天（三）兜率天（四）夜摩天（五）**忉利天**（六）四王天。

二、天之下有五界：人、阿修羅、畜生、餓鬼、地獄。

忉利天居須彌山頂，而須彌山腰各有：東方持國天王、南方增長天王、西方廣目天王、北方多聞天王，此謂**四王天**，各統八天，計為三十二天，山頂乃**忉利天**，稱曰三十三天，民間信仰稱為「玉皇大帝」，亦俗稱「天公」者，而四王天乃距人間最近者也。

在此特須說明者，基督教、回教、道教等教主，**皆是指忉利天主—釋提桓因**，其名雖皆同為**假名**，但不宜否認其宗教價值；蓋**忉利天**雖居天界，只可云「未究竟」、非本體，不可指其等為虛妄，我們雖身為人，均能漸趨究竟（見81頁六即佛），甚可頓然，不可以程序否定目的也，不可否定任何宗教，蓋**名不妨諦**，任何宗教皆行善棄惡者，皆輔行佛意者，**皆力行佛道者也**，縱有見其非，蓋乃「假假者」之有偏，假假者未悟、未覺而然，非「被假者」—基督、安拉、玉皇大帝、天公……之非也，須知**釋迦牟尼佛名號亦是假名也**，法華經．如來壽量品有言：「處處自說**名字不同**，年紀大小……」，亦即**世尊**遇「諸根利鈍」不同對象時，以方便說，以假名說，如來壽量品**又**說「以諸眾生有種種性，種種欲，種種憶想分別故，以若干因緣、種種說法而說」，況世尊於恆河沙國土說法，一粒沙即若一地球，他方未顯之佛經亦如恆河沙數也，可見世尊用釋迦牟尼名號，乃是方便教化眾生，**其目的乃為渡脫眾生於老、病、死海也**。

四、不壞假名，而說諸法實相

以上所述非是分立各宗教，而乃必體悟釋迦牟尼佛所說：「不壞假名，而說諸法實相」之旨諦，耶穌、穆罕默德……皆以「**假名**」而說者，藥師佛、阿彌陀佛、觀世音菩薩……亦皆以假名而說者，「不壞假名」即是不否定、不批評此等有所分立陳述之宜，此唯視受教者之根性及條件而定，亦即因「權」而說，亦即因「方便」而說，故所列舉者皆是假名，假有二義，一者，「非實」之謂；二者，「假借」之謂，即權宜之謂，蓋二者皆旨攝本體、性、相也，皆假名於相而有徵也，徵於性，徵於體也；般若經第二十九散花品有甚大篇幅論述「**不壞假名**」旨義，其諦如說也。仁王護國經中釋尊對波斯匿國王說：「**吾**

今所化大千世界，百億須彌，百億日月，一一須彌有四天下……」，由是有知全世界各宗教成立、存在之必然，其諦非但指事於**空間之並立**，亦指事**時間之永久持續**也，體、性、相……之所徵也。

我們不反對任何宗派，因為任何宗派都只是宏法過程，都只是「修佛之手段」，不可以此取代宏法目標，目前國內大部分法師是專宏淨土宗者，他們多專門強調：「恆念阿彌陀佛聖號即可往生西方極樂世界」，卻少見有說法者提到法華經所言：「聞法華經，**如說修行**，於此命終，即往安樂世界，**阿彌陀佛大菩薩眾，圍繞住處，生蓮花中寶座之上**」，他們只知道：「依據淨土"五經一論"——念阿彌陀佛聖號，**是唯一往生**西方極樂世界之途徑」，不知道修行法華經，卻可蒙阿彌陀佛大菩薩眾，圍繞住處來接引修行者往生極樂；精通淨土宗之天台四十四代法統傳人湛山倓虛大師有示：「法華經即廣說的彌陀經，兩部經都是"全事即理"——以現量心，觀現量境」。例此，順便說明：「極樂世界不是西方才有——十方國土皆是也」，佛經中比比有示，譬於藥師經中即言：「願生西方極樂世界無量壽佛所聽聞正法而未定者，若聞世尊藥師琉璃光如來名號，臨命終時有八大菩薩其名曰文殊師利菩薩、觀世音菩薩，得大勢菩薩……是八大菩薩乘空而來，示其道路，即於彼界種種雜色眾寶華中自然化生」。又譬千手千眼無礙大悲心陀羅尼經有言：「如法誦持（大悲咒）是時當有日光菩薩、月光菩薩與無量神仙，來為作證，益其效驗」……在此需特別說明的是，藥師經說：藥師佛之所在乃於「東方世界」，念其名號，卻有「西方世界」阿彌陀佛之左右侍者觀世音菩薩，得大勢菩薩乘空而來，示其道路……又日光菩薩、月光菩薩乃「東方世界」藥師佛之左右侍者，念大悲咒（西方世界觀世音菩薩所說）時，卻有日光菩薩、月光菩薩來為作證，益其效驗；可知十方雖各有方，「**實是一方**」，普門品偈：「十方諸國土，無剎不現身」，是所詮也，這種體認非常重要，因為「修佛」就是在諸佛菩薩旁邊修行，不是有所隔離者也。故「**佛**」乃假借字，以名詞言曰：「佛」，以形容詞言曰：「覺」，以動詞言曰：「修」，整部佛經，歸結於一字曰：「善」，善即是修，修即是善。

五、佛教總旨及分述——「綜合」、「分析」後，歸納要點明晰之：

（一）總述於一——本體，以四個"W"列示，旨諦於「無為法」，用闡「所以然」者：

第一個"W"——whole・宇宙整體多大？曰：無限大——時間無始無終，空間無邊無際。

第二個"W"——what・宇宙本體是什麼？曰：佛——心、佛、眾生，是一非三，即自身，涵攝無量。

第三個"W"——who・誰說此本體真諦？曰：釋迦牟尼佛——法身、報身、化身如一，即如來。

第四個"W"——why・為何如是說？曰：不壞假名，而說諸法實相。

法華經就是闡述右列4W者，此闡亦即總述宇宙本體之「**理**」者；除法華經、般若經（**共法**）、涅槃經（**究竟**）外，釋迦牟尼佛所說的一切經（見84-86頁），都是以說**如何(how)**

俾成就4W者，亦即分述萬象之「**事**」者也。法華經和其他所有佛經不同者，鍵在此處—法華經是講解**目的**，他經是陳述**方法**—實踐程序之說明，故有各宗各派之產生，所謂「八萬四千法門」，蓋方法無盡故。

（二）分述於多—法門，乃另一個"W"（how）以述「如何做」，明「知其然」闡「有為法」。

※歸納佛教義理，綜列於右述五個"w"，均各詮解於後之相關章、節中。

第二節：「不如法」之講經，誤導眾生

楞嚴經中，阿難說：「末劫眾生去佛漸遠，邪師說法如恆河沙」，現在的確有很多說法者「不如法」，我們覺察這些說法者，似乎疏忽妄語戒，也似乎疏忽世尊所示的四依法，而隨興說些「不了義」的話，

正如藥師經中所說：「於如來受諸學處而破尸羅（戒），有雖不破尸羅而破軌則，有於尸羅軌則雖得不壞，然毀正見，有雖不毀正見而棄多聞，**於佛所說契經深義不能解了**，有雖多聞而增上慢，由增上慢覆蔽心故，自是非他，嫌謗正法……」。現在電訊發達，每天在固定電視台說法的人很多，聽眾也不少，如果不如法的說法，受誤導的眾生就太多了，梵網經第四十六戒為：「**說法不如法戒**」，部分法師似輕忽此戒也；嚴重的是有些說法者（法師），仍不自覺，一任恣意，繼續以誤誤人，或其不自知，但其所造成之負面影響，正擴染中，是所虞也，茲鑑法華經安樂行品之言：「不說他人好、惡，長、短，於聲聞人亦不稱名說其過惡，亦不稱名讚歎其美」，大智度論云「善人相者，不自讚、毀，不讚、毀他」，太虛大師云此乃為免互較優劣等事，若稱名說其過惡，則阻其向大，若稱小之美，則使大者心志不堅也。此等所示修行人應有修為，皆令**筆者**猶豫是否撰文─修正其妄以宣揚佛法，然又有悟佛示弟子須具「三聚戒」─攝善以饒益眾生，況見佛道為所顛倒，魯魚不分；玄覺大師證道歌云：「若將妄語誑眾生，自招拔舌塵沙劫」，如多說法者，能無警惕乎！孔子說：「舉直錯諸枉，能使枉者直」，遂決定略述有傷佛法之情如次，惟願「有妄者正，受染者淨」：

——某電視台主講法師說：「釋迦牟尼佛是念阿彌陀佛聖號而成佛的」

這是「顛倒聖諦」，本末倒置的說法，我們皆知阿彌陀經有「阿彌陀佛成佛以來，**於今十劫**」之言，而十劫前阿彌陀佛乃處因地之位，法號為法藏菩薩；但法華經中詳言：「釋迦牟尼佛在無始劫之前就已是佛」，此示其未理解佛教**本體義理**，蓋**阿彌陀佛乃因釋迦牟尼佛之存在而有者**，佛弟子若顛倒此諦，則無「信佛」可言，佛學之基，即在如何能確保「**一切法之存在之必然性**」，不在明萬物之構造，此種「存有論」亦函著宇宙生生不息之動源之宇宙論（註三）；此即「**本立而道生**」之諦理，佛弟子學佛之第一要義，就是信奉華嚴經所述：「**信為道元功德母，增長一切諸善法**，除滅一切諸疑惑，示現開發無上道，淨信離垢心堅固，滅除憍慢恭敬本」，「信佛」不是信佛之假名，而是信**諸法實相**，般若經中一再強調：「不壞假名而說諸法實相」，什麼是假名？一切聖號、名相皆是假名也，尤者，眾生根性不一，況以假釋實、證實，這位法師隨識以假證假，其人、其言亦是假也，其未解佛道諦理，顛倒聖諦亦所不知也。

──有電視台主講法師說：「華嚴經是經中之王」

講經說法應有所據，我們不知這位法師依據什麼說華嚴經是經中之王？我們確知世尊已再三說明法華經是諸經中王（註四），除非說法者受宗派影響而偏言，譬如玄奘大師，乃創倡法相宗者，即言：「法華經雖勝一切經，然劣於解深密經」可見其雖修佛有道，仍未究竟也；華嚴宗則判定：「第一華嚴經，第二法華經，第三涅槃經」……這位法師是否也受宗派影響而偏言，有所不知也，或許他只是單純的尚未讀過法華經，引致「不讀他經」流弊，遂依識而說，昧於佛旨而不自知；但此論，一則影響聽眾之認知，一則正說明說法者本身之無知，公信力受傷也。

—有電視台主講法師說：「無量壽經有五種譯本，正說明 釋尊在世時，在不同時間說過五次無量壽經」

這是不合史實及不合邏輯的推論，吾人皆知：例如藥師經、心經等至少也各有五種譯本，難道釋尊在世時，也曾在不同時間說過五次藥師經和心經；尤其他是專講華嚴經者，更應了解華嚴經有三種譯本—六十華嚴、八十華嚴、四十華嚴，若依其邏輯推論，釋尊也曾說過三次華嚴經，這是昧於史實的，一般初學佛者皆知釋尊在寂滅道場始成正覺，最初三七日說自證法，說的就是華嚴經，次十二年於鹿野苑說阿含經，往後一直到釋尊講涅槃經以至入滅，何時**有機緣**重說華嚴？而最重要者，佛子須知：釋尊非如常人，情感就說，今可照見一切經首尾皆相應者也，譬如法華經乃釋迦佛稱本心而說，非為堅固深信或欲令樂聞而遽然開示者，故於「五時」中，於最後時段說之，良有契理也。

—有電視台主講法師說：「從無住本立一切法」的"無住本"就是阿賴耶識

這表示這位法師未解唯識理論，亦未解真如、如來藏，更未解一念三千法性，我們知道「從無住本立一切法」，語出維摩詰經，他應檢讀維摩詰經，知文殊菩薩與維摩詰長者問答「無住本」之義涵，亦應瞭解維摩詰經譯者鳩摩羅什、僧肇、僧叡對「無住本」解為「緣起性空」之"形式"意涵，意即一切法無自性，即是無本也，無本即空也。更須知智者大師對無住本之"實質"解述—法性無住即是無明，無明無住即是法性，「依法性立一切法」亦可「從無明立一切法」，無明即法性，**即是覺**；法性即無明，**即是迷**；無明與法性可由無住本「**分析**」而得，理解此邏輯之旨，再言所依經論，至其指稱「無住本」

為阿賴耶識，令人甚覺驚奇，蓋阿賴耶識係一妄識，是生滅法，它不是真如，也不是如來藏，他所說的無住本，只是信口而說者，一無經論及學理可稽也，或許法相宗之有述「阿賴耶緣起」者，如此硬作附會而已。

—有電視台主講法師說：釋迦牟尼佛在世最後所說之經為重複再說之「無量壽經」

這是不合史實之論述，學佛者皆知世尊在世最後所說之經乃為大般涅槃經，若細說尚可言釋尊臨涅槃時，所說之「佛垂般涅槃略說教誡」（佛遺教經）及因螺髻梵王不來覲省，為說「穢跡金剛說神通大滿陀羅尼法術靈要門經」（北天竺國三藏沙門無能勝譯），尚可云為最後所說之經，這位法師似不宜如是任意推言。

—有電視台主講法師，提倡以夏蓮居所會集的無量壽經取代大

這位法師似乎不知佛經怎麼來的，他推崇印光大師宏揚淨土之努力，也知道印光大師認為佛經無任何其他論述所可取代的基本原則，卻主張以夏蓮居（夏繼泉1884–1965）所會集的無量壽經取代正譯之無量壽經，雖然夏蓮居所會集的無量壽經深達意境，文辭也甚優美，但文學之美，非義理之闡，文辭美只是形式，只具錦上添花之效，故只可作講解無量壽經的「輔助教材」，不可以此喧賓奪主取代大藏經中之無量壽經；這表示他無解於「因」、「緣」至理，蓋佛經，因也、主也、能也；論、疏或會集等輔教品，緣也、助也、權也，怎可妄是而顛倒；正如印光大師所示：未來任何論、疏、宗派都可能出現，但畢竟是論、疏、宗，不可取代佛經；我們試想若如是，則大藏經必雜成一團，這位法師似乎應知此理也，非可於個人識見而抒發，蓋必依佛意而然。我們不是反對這位法師，我們不希望這位法師以宣揚佛法的努力，卻適得其反而傷害佛法，何則？聽眾以是以為佛經有替代品，遺害甚大也。

——有電視台主講法師把儒、釋、道的「道家」以「道教」來解說，並要求受持其論

我們知道，道家是闡老、莊思想者，我們似乎不曾見法師解說過老莊思想，反而藉此硬說：儒、道是佛教的基礎，因而要求：學佛者須讀「太上感應篇」及「弟子規」等，察此二者均非佛教經、論、疏，佛門云其為外學、外道者，查太上感應篇出自抱朴子，晉朝・葛洪著，後經宋朝・李昌齡等發揚，乃「道教」之經典；弟子規原名訓蒙文，乃清朝・李毓秀改編者，內容取自論語學而篇，乃儒家之論述。此即前云其混佛教、道教、儒家、道家於一者也；我們不反對讀教外讀物，吾人皆知佛教經論已汗牛充棟，何閒務外？若能以其佐證助解佛法則甚善也，若取代佛經則無必也。

—某知名法師（教授）妄論般若波羅密多心經

這位法師說心經開頭即直言「觀自在菩薩，行深般若波羅密多時」，未以「如是我聞」起經，不合正規，況且說「般若」應是文殊菩薩之專門，蓋其乃「大智」之表徵，而觀自在菩薩乃表「大悲」者，並舉日本佛教學者坂本玉泉之說：「觀自在菩薩不一定是觀世音菩薩，因為不是只有觀世音菩薩才自在的，況且心經所講的是屬“般若”（智慧）的事情為多，而觀世音菩薩是講“悲願”為多的，故“心經思想史”譯出有證，應該是文殊菩薩說的」，此等學者，一以個人情識，作毫無事實根據之言，是荒唐的，因為「觀自在」只是以形容詞而移作名詞的，其實即是指觀世音菩薩，彼不從原（梵）文求證，而逕作指事，引人入歧，極為不當，讀過心經者，皆知此乃偏頗之言，或是不讀他經之流弊所致，其云「心經思想史」，不知其所指為何，怎可據此評論是非，若淺閱中土所譯心經，有以「如是我聞」開經者（如法月、共利言、智慧輪、法成等譯師）有直述「觀世音菩薩行深般若波羅密」（鳩摩羅什譯），有直稱「觀自在菩薩」（法月、共利言、玄奘）者，這無涉正規，且均證此菩薩非文殊菩薩甚明也，何以有疑於是、何以拘泥如偏，況無據之論，實非學者務實、客觀應有修為，乃誤己誤人也；據計，中土所譯心經至少有八部（註五），若一一檢視，豈非均相左於所云「心經思想史」耶？這種思想史與史實脫離，不值一顧，據經而知，**心經是觀世音菩薩述說者**，當時**觀世音菩薩**請示釋尊欲說此者，並獲讚許，釋尊隨入正定，**觀世音菩薩**述說後，釋尊亦出定對讚——「如是、如是，如汝所說」，當時文殊菩薩亦在座中；中土廣泛流行玄奘所譯心經，其譯乃參順鳩摩羅什所譯而成者（稍簡約而已）；又吾等皆知文殊菩薩、觀世音菩薩均為等覺菩薩，況成佛再來者，均是大智、大慈、大悲、大行、大願、大醫……者，何須必以分別心作如是無謂切割？由見訛論者之囿也。

結上所例，宜知：講解佛經，用任何方式皆可，以能導悟大眾即宜，如果方式不妥，或將誤導聽眾，亦即英國哲學家培根所說**誤於「洞穴的偶像」**；世尊所說之經很多，尤其佛之本懷，似不宜棄述也，說法者宜注意聽法者求知、求總概念之有冀，須義諦於信、解、行、證之理程；講經說法者，似宜先專注佛法目的，守要綱目，理解佛教最上層思想——法華經之指導：「阿彌陀佛行菩薩道時，常樂說妙法蓮華經」之義諦（註六），阿彌陀佛亦如諸佛然，以恆講說妙法蓮華經而“**功德無量成佛**”者也，佛門雖有十宗，宜解佛意方是正語，不宜逞臆而說也。我們不是責備以上諸師，而是敬重、疼惜諸師，畢竟諸師宣揚佛法是竭其全力的、亦有相當成果的，從其法會活動中，亦證其吸引眾多信眾，功德甚大，只惜彼等**依識講法**，未循本體義諦闡道，故偏於八正道，而引誤眾生，觸妄語戒也。

茲特中肯言：許多講經說法者，只依「**淨土宗思惟**」論述佛教，以哲學角度言，淨土宗乃「方法論」之有例，一無「形上」理型，亦不契「認識論」、「本體論」理諦，若以論淨土宗高深思想，則淨土三經中之「觀無量壽經」應為最尚，蓋其蘊至諦然，四十年前（民國六十五年），道源老法師曾講本經，李炳南居士為之作序云講經與記錄者「批卻導窾，深入淺出，微密顯章，如指掌文」，至可讀閱研解者，然衛視罕見有講述此經之法師，蓋其義理深奧，難理解故；日本日蓮法師（1222–1282）有云：「淨土宗、禪宗、真言宗，均為邪法、邪教」，尤見其偏激、邪見之言，亦由知日蓮法師乃尚未悟道，不知圓教者，但其已造成甚大負面影響，也見宗派相非之情也。

所謂「方法論」之有例，意即各宗皆是一方之法，咸是成辦之手段、工具，譬若欲從台北到高雄，旨於「目標」之可臻，搭飛機可也、坐高鐵可也、乘船可也、坐巴士可也、搭計程車可也、騎車可也，甚至步行亦佳矣，問題旨諦在於為何須到高雄？有無其他目的地（旨見後文）？吾人皆知：中國開宗諸師，或悟佛旨，或擅方便，皆甚可貴、甚可敬尊之法師也，應予禮敬；中國佛教有十宗，乃各示方便之宜者，修佛者當視相關因緣、條件配合取宜而已，獨擅一門又有何必？

前述阿難說：「末劫眾生去佛漸遠，**邪師說法**如恆河沙」，我們宜肯定——前述幾位法師並非邪師，其人等宏法已然數十載，期間甚勤、甚律、甚恆、甚苦……唯其瑕於**疏忽考證**，對於未知事，**一憑情識決定**，因之觸戒，非志於邪而有述者；「法師」之職位至要，聽法者眾，影響甚大，有染亦甚大，所有說法者應慎予防染，故法華經於第二十六品中，由藥王菩薩，特述保障一切法師之陀羅尼（咒），藥王菩薩說：「我今當與**說法者**陀羅尼咒**以守護之**，此神咒，乃六十二億恆河沙等諸佛所說，若有**侵毀此法師**者，則為侵毀是諸佛已」，可見世尊特別重視對說法者──法師之守護與保障；前所指陳法師，請勿有虞，若無犯戒，必得佛、菩薩之守護、加被也。於此特須強調者，「信為道源功德母」，尤其對佛所言者，務堅決肯定，例藥王菩薩本事品中，世尊言「此經則為閻浮提（地球）人病之良藥，若人有病，**得聞是經，病即消滅……**」，我們豈能有疑乎？有病者即當勤念（聖號）、勤讀（經），一見功德也。

於此順便說明，筆者修淨土宗、修密宗、亦修天台宗，我們皆知佛教各宗乃相輔相成、相攝益彰，不相矛盾者也，但修淨土者，多以為只要「勤念佛號」，皆可往生極樂世界，因為說法者常鼓勵：勤念佛號至少可往生**凡聖同居土**，須知此土**非善惡同居**也，彌陀經中亦已言：「不可以少善根、福德、因緣得生彼國」，也須知：犯戒就是少善根、少福德、少因緣；佛弟子**最要者乃持戒**，犯戒者，無論如何修行，皆枉然也，律宗特別強調修佛二持——止持、作持，止持即守戒，乃不作為者，這是最基本的修行；作持，乃需作為者，譬三聚戒——攝律儀戒、攝善法戒、攝眾生（饒益有情）戒是；用通俗的話說，先盡義務，才得享權利，蓋人生在世，必具二基本條件始得優游生存，一者消極條件，二者積極條件；消極條件者，必「有所不為」，亦即不得有損眾生也；積極條件者，須「有所為」，亦即必饒益眾生也；佛教諭人：勿僥倖、勿撿便宜、勿恃好命，應恃我「有」以待之，什麼是「有」，一言以蔽之，恃吾有「善業」以待之也，何云待之？以待一切業障之消除也，亦即有具「功德」——善報之因也，亦即有具前述之消極條件、積極條件也；昔唐太宗略知上述因果之理，有悟善惡有報之諦，對自己幽父、弒兄、殺弟而稱帝之極重惡業，有悟其罪，**日惶於是**，卻不知何措，不久，赴印度學佛十七年之玄奘歸國，太宗即召，玄奘學得他心通，明太宗意，乃慇誠以告：「人皆有業，惡者須除，否則受報，上焉之道：每日必於聖像前，肅讀「藥師經」、「六門陀羅尼經」（註七）、「金剛經」，太宗有踐於是……

綜上所喻、所釋，鑑之於藥師經中言藥師佛行菩薩道時所發之第五大願——於我法中，修行梵行，**得不缺戒**，具三聚戒；對不缺戒，有最佳設喻者，則是龍樹菩薩，其云：「凡夫持戒，至於佛地，如渡海浮囊，中盛空氣，無少缺漏，方渡彼岸，囊即喻戒，戒行無缺，方至佛地，若稍缺漏，如浮囊有孔，即便沉沒」（註八）。由見**持戒乃佛道最基礎、最重要者也**。

華嚴經云：「如人從生，有二種天，常隨侍衛，一曰同生，二曰同名」，這二天（神）就是每個人的**守護神**，專司此人之**守護**及**考核**此人一生之**善**、**惡**（不司凡、聖、愚、賢、無記等記錄），藥師經言此為「俱生神」者，將隨人之罪、福而盡持授與琰魔法王處斷，太虛大師云此天（神）即阿賴耶識，人終即離；以上一再強調妄語戒，蓋此乃佛門大戒，犯之必受惡報，況施染於眾者，必不因「勤念佛號」而得豁免於罪，況可往生極樂？再瑣言佛門最重要事以共勉——妄語戒乃佛門四大戒（戒殺、盜、淫、妄）之一，智者大師臨終告訴弟子：

「四種三昧是汝明導」，此四種三昧耶，就是四波羅夷，即四大戒也，中土律宗祖師道宣律師，嚴於律己，感動忉利天主，而遣天女，每日日中必送一食，至道宣律師處（見後位居五品之論），可見「大戒」必守之要也。

第三節 錯誤之論述，傷害佛法

佛教在中國有十宗，未悟解**釋尊**本懷者，常有較強烈宗，派意識，如前簡述，此各宗派之有立，蓋「方法論」之各例，非闡本體義諦者，今見有些著名學者各以其「不了義」的論述，欲概其全，反傷佛法，茲以現代最著名、最權威之五位學者、法師之偏論為例：

—**歐陽竟無先生**（1871–1943）於唯識抉擇談謂：「自天台、賢首等宗出現而後，佛法之光愈晦，諸創教者（指智者、賢首、惠能等），本"未入聖位"，所見自有不及西土大士（指龍樹、無著、天親、馬鳴等）」—；歐陽漸成立「支那內學院」乃復興及專宏「唯識宗」者，且**成就卓然**，其學生熊十力、呂澂等，皆於學術界赫赫然者，然彼認除唯識宗外，他宗皆不值，可見其未融通佛法，失之偏也，以其馬首是瞻者甚夥，蓋此時佛教思想界，因國事慌亂而有頓，所幸時有佛教復興運動奠基大師—楊仁山，甫成規模，**歐陽漸**有嗣其教育功德，然其偏失甚影響求解佛法者也；其所稱西土大士，固是聖者，然排除中土聖者，則至不當也，譬智者自稱五品位，乃謙稱之詞，況此乃表一**概念**，一示入賢聖位前修佛之「**需具程度**」也，故各品**各表位因**，非表位果，無必以此作價值述評，又西土如龍樹、無著、世親、馬鳴等之稱菩薩者，乃時人尊奉者然，以史實言，如說聖賢，其論疏可證明，所稱之西土菩薩，名實相配也，尚符其聖位，舉一例以知：**釋尊云**：「善逝涅槃後，未來世當有，持於我法者，南天竺國中，大名德比丘，厥號為龍樹，能破有無宗」（註九）；**世尊**述說自己涅槃後，當有傳人也—未來會有一位名字叫龍樹的比丘，生於南天竺國中，他能融通、淘汰、整合有、空宗……史實證明龍樹生於南印度，約西元 150–250

（距世尊涅槃後約三百年頃，值我國東漢末年至魏朝間），正應世尊所說未來聖賢事跡，佛眼觀前世、後世如現世也。

我們皆知歐陽之佛法造詣，遠遜於中土聖者如智者、賢首、荊溪、清涼、道宣等甚之甚也，就以其最擅專之唯識理論言，其程度更遠遜於中土之唯識開宗二大師——玄奘大師、窺基大師也，又其謂諸創教者"未入聖位"又據何客觀標準而言？尤最要者，唯識宗以阿賴耶識為依止，不以真常心為依止，阿賴耶識是**生滅法**，是**有為法**，歐陽竟無先生豈無此諦知，何專崇於西土耶？

——**呂秋逸先生**（1896–1989）踵謂：「天台、華嚴、禪是俗學」。呂秋逸同其師然，認為除唯識宗外，他宗一無價值；由之可見其根本不知何謂圓教，因為**釋尊**於成道後，第三七日，在寂滅道場，現毘盧遮那法身，以頓之方式，說圓滿修多羅，即是華嚴經，最後結經說**佛**之本意本懷，即法華經，闡此最重要之二大經卻被其以無明否定，若其已深讀此二大經，尚可議評，若非，正如法華經譬喻品之言：「斯法華經，為深智說，淺識聞之，**迷惑不解**，一切聲聞，及辟支佛，於此經中，力所不及」，難怪歐陽與呂澂會有如此"迷惑不解、力所不及"之斷論。

—**馮友蘭教授**（1895–1990 美國哥倫比亞大學哲學博士）乃中國現代最著名、最權威哲學泰斗，其代表大作中國哲學史，將大乘止觀法門代表唯一天台思想（註十），並云此文為慧思所作，乃疏忽於未詳考證，據史學家陳寅恪於中國哲學史審查報告中言：「大乘止觀法門中云及起信論，慧思其時不及見起信論，故非慧思所作……對古人之學說，應具瞭解之同情，方可下筆」，陳寅恪教授（院士）對中國佛教史有深入之研究，彼之所非甚是，起信論是真諦於梁太清四年（西元550年）開始翻譯，時慧思居南陳北齊交界光州一帶，兵慌馬亂，隨又匆匆移居南嶽，起信論譯出後，無法流行各地，更重要的是大乘止觀法門與天台宗思想相牴牾，大乘止觀法門以起信論為底據，屬如來藏緣起系統而建立起華嚴宗者，馮友蘭教授卻未考於此關鍵，並言：

「天台宗以慧文為第一祖，慧思為第二祖，智顗為第三祖，智顗為此宗之發揚光大者，其著述亦極多，但其所說，多為修行之方法，不盡有哲學的興趣」；此甚失趣也，蓋智顗之作，言修行之方法者，以摩訶止觀、釋禪般羅蜜等為是，其大作法華玄義、法華文句、維摩經玄疏、金光明經玄義等皆為高深之哲學論述，馮教授失之甚也。

——**印順法師**（1906–2005日本大正大學文學博士）於其代表大作印度佛教思想史中述智者大師所論「無住本」的「無住」解為「無明住地」是**望文取義**（註十一），此言正證印順法師自己是望文取義者，蓋其**未解全文**也，**查**智者大師所論「無住本」，是將「無住本」分兩方面說，即「法性」及「無明」，無住即是「**無明住地**」，「無住本」即是無始無明更無別惑為所依住，而無明無住即是法性，法性無住即是無明，是故「從無明立一切法」亦可「依法性立一切法」之旨是，印順法師未解此諦也。又印順法師說天台宗說「三智一心中得」是源於大智度論所說，是**欺盡天下人**，今查大智度論確有是說（註十二），智者大師之觀經疏亦可以證（大正藏第37冊）；何故印順法師要如是惡劣作評，失其學人客觀、嚴謹風範，蓋一如前述歐陽漸之心態——「諸創教者（指中土大師）本未入聖位，所見自有不及西土大士之處」，蓋乃**崇印有執**，又不解中土聖賢（如前述智者、賢首、道宣、慧能等）之闡論，又不屑研讀中土賢者之闡論，崇外而致偏差也。

印順法師於1971年出版中國禪宗史大作，當時聖嚴法師（1931–2009）在日本立正大學博士班讀書（隨後得文學博士學位），特推介其師牛場真玄，牛場將之譯成日文，並推介至大正大學申請博士學位，印順法師於是年68歲時，得到日本大正大學之正式文學博士學位，得見印順法師治學嚴謹深厚，尤其彼所著中國禪宗史及印度佛教思想史兩部大作，論述精湛，透闡史實之然，可為讀者諦解佛旨、體認佛道而臻上，印順法師當為現代佛學最擅、最博、最精且論述著作最豐之大師，如斯望重學人，猶崇印有執而疏忽，吾等為是惕勉！

——**南懷瑾教授**（1918–2012）言：「法華經專說故事……”如來壽量

品“、”觀世音普門品“等都是法華經的**附屬文章**」（註十三）。此何等大誤也，實顛倒之論（見後有關法華經本、迹之述）南教授有研儒家、道家，尤對易經有所深研、有卓論，其他相關著作亦多，彼對佛教亦有相當研究，唯局於小乘，彼對阿含經之研解及禪修功夫，今人鮮有其匹，然只可云「有術」者，據一友告知，其於台北某大學求學時，一日南教授於講台上講課，於學生未甚專注時，忽騰空離地約二十公分……然彼於大乘則未深入，此其未契出世間之有以致，**故知其然，未知所以然**，以世間法言，南教授善與神、鬼交道，未必神通於界外也，具體言之，十法界中，他可交通於六凡間，而不能通達四聖界，以未契佛意然也，故彼將如來壽量品視為法華經的附屬文章，顯見其未悟佛旨——「如來壽量品乃法華經的正式內容，其餘各品或可稱為附屬文章」；可見**南教授**未解法華經的主旨，不知法華經的正說——正式文章是什麼，彼尚無所知於佛諦，當然就缺於主旨之契述；茲再強調：「**法華經是經中之王，如來壽量品是法華經之唯一正式內容**」（見後段文述），故特指出南教授之述乃「顛倒之論」，學佛子弟務「有識於此」，導歸於正見；由此可知，南教授是實務於一方之法者，而漠於本體領悟，荒於佛道諦解者。

又網路上，播放**南教授**早期講述**心經**之內容，不符史實，他說：「玄奘出發前往印度取經時，在四川．成都掛單，遇一老和尚身生疥癩，人不敢近，惟有玄奘侍奉他，為他洗濃血、塗藥……老和尚感恩便傳授**心經**給他」；所述對於佛法雖無傷害，但以**南教授**之身份，應更嚴謹於史實（見172頁所述**心經**史實）俾更具信實度較宜；研判**南教授**之所以有此非實之述，乃其取唐梵翻對字音般若波羅密多心經（窺基和尚奉詔述序）中云：「玄奘志遊天竺，路次益州，宿空惠寺道場內，遇一僧有疾詢問行止，因話所之……」，**南教授**把遇一僧有疾詢問行止之「疾」釋之為「病」，遂有「生疥癩，人不敢近」之推想，其實此「疾」字乃「急」意也，筆者因見多有他人援引其說，故為止非而述。

約上所述之「**不如法講經**」及「**錯誤之論述**」，**傷**害佛教甚大，欲歸正法，唯遵佛意，然佛意亦有被錯解者，正如藥師經所云：「毀正見，棄多聞，於佛所說契經深義不能解了」，而致是弊，故筆者覺此應作綜述，勿令衍妄，必立正見，求多聞，導軌佛道也！

第四節　近世各國，普研佛教

全世界各宗教之發展，都受限於空間、語言、文化、政治……以基督教言，於今之以色列地區，從猶太教至今之基督教（天主教），其擴展之能源，皆繫於政治力量，一見史實：十字軍東征、羅馬帝國、歐美對殖民地之擴及全球——南北美洲、澳洲、印度、菲律賓……等皆是；回教則一限中東地區，部分至亞洲如印尼、馬來西亞，而佛教之教義深攝於慈、悲、喜、捨，無所謂宗教爭執，故其發展，一視因緣而成。

二次戰後，各國普遍力研佛教，佛教徒明顯增加中，但因語言、文化等之隔閡，又受南傳佛教、北傳佛教等異，佛經文字及宏法僧師，受偈至大，唯賴移民而有傳法，而傳法對象，亦以服務移民者為主，蓋其非以當地（僑居）語言傳法，而以原國語言傳法，故當地人民信佛、歸佛者甚少，但此情受文化、語言、經濟商業、科技之猛進等，隔閡漸微；而移民者中，中華人民數，遠不如日本、韓國，尤其不如南傳佛教國家，蓋其移民數因生存必要而更夥；將來，一日生活圈——來往於地球東、西者，亦將可見也。故莫以漸之難見其功，須悟佛道有頓成之諦，一視因緣有契（譬科技之突進）；他如因緣不契者印度，縱世尊應化天竺亦無大濡，印度教依然泛行，**佛緣不契也**。

然中土自唐、宋以後，鮮於論述，卻多偏宗派色彩，尤以淨土宗、法相宗最是；現代中國受政治因素影響，例國際戰亂、國家領導人偏嚮，導致甚多人民信仰瞻顧，而致多滯者有之，但二戰後，普世覺醒，民主政治之普世價值，各國崇尚，各種宗教團體紛紛成立，以本國言，尤以佛教然，諸如佛光山、法鼓山、中台山、慈濟基金會……及諸佛教大學多有成立等，前云「衛視傳法」亦即相應之科學產物，多為宏揚淨土宗者，彼等於說法時，亦有闡天台宗，智者大師觀經疏之大論——

佛教行果、佛土：凡聖同居土，方便有餘土，實報無障礙土，常寂光土，此者不拘宗派之卓闡，益見功行也。吾等皆知，智者大師於入滅前，囑弟子們，恆念妙法蓮華經、觀無量壽經二經之**經名**，見證悟佛道之深、觀佛意之明也，果於最終言：「觀世音菩薩來迎接矣」（註十四），首席弟子章安言：智者大師安禪而化——不出禪定，端坐取滅也，由見妙法蓮華經、觀無量壽經二經之至要，若能悟此而勤念勤讀之，遠勝勤於諸多雜行也；類似前述宏法電視台，將更蓬勃，亦必益求佛諦也，佛化世界即臨矣。

他國以日本例言，依據美國 2012 年 CIA 的調查統計，日本信仰佛教人數約佔總人口之 80％，基督教 1％；現在有短期大學二十九所，大學十六所，大學附設的研究所有八，戰後得有佛學博士學位者超出一百多人（註十五），據聖嚴法師於大法鼓 DVD 0351 集，指述二次戰後迄今，日本已有一千多人獲得日本佛學（文學）博士學位者，可見日本佛學水準與普及，尤其許多大學師生多親往印度，一探原典，究之所以，佛教得有正面發展，甚值慶喜，可頌者；我國自漢以來所譯佛經皆忠於梵文原經，日本對此非常肯定，尚無諍論，我們檢視現在的日本、韓國，彼等所研讀之佛經，皆是古譯中文者，日本不以政治等因素，而欲斷中華文化，蓋日本學人理性、客觀，一知日本文化無法有截於中華文化；而韓國則現畸形之民族自尊心，以為其另有高麗獨立文化之源，可哂也；今以佛經可證其偏，我們敢斷言：不論日本、韓國均無力自外於漢譯佛典，譬如日本所編之大正大藏經，連現今所有讀者都依恃甚深，況日本人乎，韓國以何條件另立、另譯佛經？

茲依2015年維基百科所作之統計：南韓有56.9%人民無特定宗教信仰，信仰基督教者有19.7%，而信仰佛教者，只有15.5%，可見佛教已在韓國沒落，然現今日、韓，研究佛教，信仰佛教，仍皆必讀漢譯佛典（韓國亦有漢譯高麗大藏經），蓋大藏經蘊涵圓豐，無他國之另譯所可取代也。

以上所述，略可概知今世佛教整體之情況，為求概知佛教，特另加述：

佛教有南傳佛教、北傳佛教等二大系統，南傳佛教以巴利文譯經，北傳佛教則為漢譯佛典，南傳佛教以實踐為主，亦即前述「如何」之範疇（見第25頁），漢譯佛典則兼重「**為何**」之述──義理之闡，尤其中國特有之**天台宗**及**華嚴宗**，均旨在此諦，天台宗則唯一獨擅此旨者，前述法華經是解述佛教**目的者**，而餘經則是陳述佛教修行之**方法**──實踐程序之說明，亦即述說佛教修行之方法者，所謂「八萬四千法門」是也，蓋方法無盡故，然中國猶有如前述歐陽漸、呂澂等斥**天台宗**、**華嚴宗及禪宗為俗學者**，甚以為乖；我們有幸生於中土，應知全世界只有我們有**天台宗**，始得有聞**如來設教大綱**，他國連此名詞，亦無得有見、有聞，況有「分別功德」乎？前云「總旨及分述」（見第25頁），即我國獨有之至寶也，蓋吾等有悟「**為何**」之然，而他國只得泥於「如何」之中，只得一方之術也，譬前述南懷瑾先生，彼於佛教小乘有得其方法門，此法門即是各個一方之術，例觀無量壽經之「觀」，以「觀」而至有「覺」也。

南傳佛教，即是右述以**述說佛教修行之方法為主**者，南傳佛教流行地區，以地理位置言，即今之東南亞國家，如斯里蘭卡、緬甸、泰國、寮國、柬埔寨等國；北傳佛教則今之東北亞國家，如中國、日本、韓國……北傳佛經，均依梵文而譯；另有喇嘛系者，如西藏、蒙古……概況如是也；南傳佛教依巴利文譯經，巴利語（原印度西方用語）現已不行，但須知巴利文乃為南傳佛教佛經之所據。

於此特舉譯經所依原文之異，而致有諍者，如觀世音菩薩六字大明神咒，幾乎普世皆流行藏譯：

「**唵．嘛．呢．叭．咪．吽．**」，然此未必真實者也，蓋中國宋太宗時，已有譯師天息災，所譯之**大乘莊嚴寶王經**，經中所說**之**六字大明神咒——「**唵．麼．尼．鉢．訥銘．吽．**」**才是正確者**，**天息災**是天竺人來中土者，他的中、梵文、語俱佳，他親從印度取得密藏經文，應無有誤……然為慎重，仍須考證，但筆者條件不足，難赴印度親查原經，但認為天息災所譯咒，應為無誤；1997年**達賴喇嘛**來台傳授此法時，筆者亦受正儀灌頂歸依，但我至今未依其灌頂傳授之陀羅尼修行，而仍據天息災所譯神咒修持；其間有見一些護持藏咒者，未具證據而斥論**大乘莊嚴寶王經**為偽經，此當不必理會其不經之論——所據什麼？否定天息災其人？否定其所攜來之梵文原經？抑是否定大藏經審定之程序，或校訂諸大德之慧行？若云教義有疑，可循考原梵文佛經一以明之，或考密宗經典原始出處，或一悟佛教至諦——「不壞假名，而說諸法實相」之旨歸。　吾曾參究史實，認為譯師天息災（後奉詔改名法賢），與另一密教大譯師施護為同母兄弟，一同來中國，天息災於宋太宗時譯此經，施護約同時亦譯佛說聖六字大明王陀羅尼經、聖六字增壽大明陀羅尼經，然施護之譯，大異寶王經，此三經距後來之藏譯者，約二、三百年之譜，嗣受政治情勢等複雜因素有以致，元朝統治乃依藏譯佛典，並倡**喇嘛教**者，而此情又未為後代詳予考證，所諍者乃依「情識」而斥，又元朝之後，**喇嘛教**隨衰於中土，此無據之諍，或俟來日具緣者一赴印度，考之梵文原經即明；六字大明神咒可俟修行者之感通而定、捨也；此者一屬前云智者大師之示——微細網目也，筆者撰書重心乃在　**如來**設教大綱——法華經之闡明，務使前陳不如法說法及偏誤之論，有根本知然而弭也。

第二章　宇宙全體等於其自身〈物如〉

第一節　妙法蓮華經是經中之王

本師釋迦牟尼佛一再強調妙法蓮華經是「諸經中王」，在法華經藥王菩薩本事品中，本師言：「若有人以七寶滿三千大千世界，供養於佛及大菩薩、辟支佛、阿羅漢，是人所得功德，不如受持此法華經」……隨後一口氣以十種比喻來表達法華經是諸經中王：

—譬如一切川流江河諸水之中，海為第一，此法華經亦復如是，於諸如來所說經中最為深大。

—又如土山、黑山、小鐵圍山、大鐵圍山及十寶山，眾山之中，須彌山為第一，此法華經亦復如是，於諸經中最為其上。

—又如眾星之中，月天子最為第一，此法華經亦復如是，於千萬億種諸經法中，最為照明。

—又如日天子能除諸闇，此經亦復如是，能破一切不善之闇。

—又如諸小王中，轉輪聖王最為第一，此經亦復如是，於眾經中，最為其尊。

—又如帝釋於三十三天中王，此經亦復如是，諸經中王。

—又如大梵天王，一切眾生之父，此經亦復如是，一切賢聖學無學，及發菩提心者之父。

—又如一切凡夫人中，須陀洹、斯陀含、阿羅漢、辟支佛為第一，此經亦復如是，一切如來所說，若菩薩所說，若聲聞所說，諸經法中，最為第一。

—一切聲聞、辟支佛中，菩薩為第一，此經亦復如是，於一切諸經法中，最為第一。

—如佛為諸法王，此經亦復如是，諸經中王。

這種以重複強調舉例的方式說法，是佛經常用者，旨在說明如實

之性，以增上信解，

釋尊作上述十種比喻之後，接著說：

——此經能救一切眾生者，

——此經能令一切眾生離諸苦惱，

——此經能大饒益一切眾生，充滿其願；

——如清涼池，能滿一切諸渴乏者——如寒者得火——如裸者得衣——如商人得主——如子得母——如渡得船——如病得醫——如闇得燈——如貧得寶——如民得王——如賈客得海——如炬除闇，此法華經亦復如是，能令眾生離一切苦、一切病痛、能解一切生死之縛。

第二節 妙法蓮華經是旨述佛意

本師如上表達，只是再三的說明——"能如是，則有其善報"，但沒有解說為什麼能得如是善報？要了解「最為第一」的法華經，先要了解法華經是為「**表明本師的本懷而說的圓教**」，法華經不似其他所有經典，只在表達”個別經義“，法華經是在表明**本師**的本懷〈佛意〉，具體的說**本師**的本懷，就是法華經如來壽量品〈第十六品〉最後四句偈之所述：

『每自作是意
以何令眾生
得入無上道
速成就佛身』

可見，**佛的本懷就是要使所有眾生成就佛身**，法華經全經都以各種方式，表述這種旨意，更依眾生各種根性，以說教、解教、行教成就之，亦即以「法說」利上根人，以「喻說」化中根人，以「因緣說」教下根人，來成就佛的本懷。在此不憚其繁，再予強調：佛意高於一切，法華經即是佛意，其他各經只代表個別經意，何可冒云經中之王？法華經正如一國之憲法，萬法所宗，無有違者也，不可違者也。

為要更深入的了解佛的本懷，須從陳、隋國師智者大師的判教解讀，佛教真正有判教，是從智者大師開始的，所謂判教，**不是批判教**

義，而是**分判性質**，要從事這種工作，必須具備通達所有佛經和深厚的相關科際學識，智者大師正具備這般優越條件。大師在法華文句科判中，將法華全經二十八品，分為「本」「迹」二門，第一品至十四品為迹門，十五品至二十八品為本門；迹門就是釋尊在世（成道至入滅）教化眾生之近迹，本門乃 釋尊宿世久遠以來即已說法之遠本，「本」、「迹」二門各立序分、正說分、流通分，必須強調的是本門的「正說分」只有「十六品如來壽量品」，至「十七品分別功德品中彌勒說偈」止，由此科判則知只有**本門正說分**才是法華經全經的**「正式內容」**，從智者大師到現在無有第二人有此真見，這種卓判是非常重要的闡示；於此，特須說明智者大師「本、迹」之理述，乃於法華玄義本門十妙中，依六義說六重本迹——約理事明本迹、約理教明本迹、約教行明本迹、約體用明本迹、約實權明本迹、約今已明本迹，這六重本迹乃據「約今已明本迹」而致者，其言：

「約今已明本迹」：前來諸教，已說事理乃至權實者，皆是跡也，今經所說久遠事理乃至權實者，皆名為本，非今所明久遠之本，無以垂於已說之迹，非已說之迹，豈顯今本？本迹雖殊，不思議一也。文云：「諸佛法久後，要當說真實」。此六重本迹之理論基礎，乃「約理事明本迹」，其言：

「約理事明本迹」——從無住本立一切法，無住之理即是本時實相真諦也，一切法即是本時森羅俗諦也，由實相真本垂於俗迹，尋於俗迹即顯真本，本迹雖殊，不思議一也。文云：「觀一切法空、如、實相，但以因緣有，從顛倒生；這就是本、迹之理論基礎，意即理性之本——無住本一通，方有外用本、迹也，前言六重本迹，皆基於此理，所云外用本、迹，即指其他四重本迹言，而致於「約今已明本迹」也。

「約今已明本迹」乃就法華經而說，法華經之特性由是而顯。意即除法華經乃「遠本」之述外，餘經皆是「近迹」——世尊成道後，四十餘年間說法之行迹。近迹只是其永恆生命之一「階段示現」，此說明世尊成道並非於今日「分段身」始成也。

第三節　世尊壽命無量阿僧祇劫，常住不滅

此須再三諦明者：餘經所說一切佛，都是「始成」者，非「久遠成」者，只有世尊是本覺者，無始劫前已然為佛者。如來壽量品中世尊說：「**我實成佛已來，無量無邊百千萬億那由他劫**，譬如五百千萬億那由他阿僧祇三千大千世界，假使有人抹為微塵，過於東方五百千萬億那由他阿僧祇國，乃下「一塵」，如是東行，盡是微塵，諸善男子，於意云何？是諸世界可得思惟校計知其數否？彌勒菩薩俱白佛言：「世尊，是諸世界無量無邊，非算術所知，亦非心力所及……」世尊接著說：「是諸世界若著微塵及不著者，**盡以微塵，一塵一劫**，我成佛已來，復過於此百千萬億那由他阿僧祇劫，自從是來，我常在此說法……」隨後又說：「如是**我成佛以來甚大久遠，壽命無量阿僧祇劫，常住不滅……**」。

第四節　世尊即是全世界，全世界就是釋迦牟尼佛

上述，一是表達宇宙「**時間無始無終**」就是佛，一是表達宇宙「**空間無量無邊**」就是佛；什麼是宇宙，十方上下謂之宇，古往今來謂之宙，如此論述即是說**釋迦牟尼佛即為宇宙，全宇宙即是釋迦牟尼佛**，什麼是世界，古往今來謂之世，十方上下謂之界，**釋迦牟尼佛即是全世界，全世界就是釋迦牟尼佛**，其式為：「甲等於甲」（A=A），乃釋：**「全體等於其自身〈物如〉」**，而釋迦牟尼佛一名，正如般若經所言：「不壞假名，而說諸法實相」、法華經方便品言：「但以假名字，引導於眾生」，所云之假名，**釋迦牟尼佛亦是假名**，云何為假？一者，假乃非實；二者，假乃假借，一切佛名、菩薩名皆如是也，亦如方便品中所示諸法實相，如是相，如是性，如是體，如是力，如是作，如是因，如是緣，如是果，如是報，如是本末究竟等；太虛大師以最淺

顯的方式說明：所云相，即以變遷者云之；所云性，即以不變者云之；能顯者為相，不顯者為體，法之性、相、體，各有業用，即名為力，有所作為，即名為作。既是諸法實相，則須作概念性之說明，尤其智者大師以此**十如是**立「一念三千」之理論基礎——一念之心，即具三千諸法，三千者，乃十界互具十界而為百界，百界一一有「十如是」而為千如，此千如各有眾生、國土、五陰三世間，如此相乘而為三千世間，此乃一闡**主體自由**與**萬法相融**之諦者也。

接著十七品分別功德品中，釋尊說「其有眾生，聞佛壽命長遠如是，乃至能生**一念信解**，所得功德無有限量」特別強調的是「**信、解**」，只要眾生信佛壽命長遠無始無終，解佛壽命長遠無始無終，就有無量功德。所謂「分別功德」就是有如何程度的解，就有其不同程度的功德；這就是前面所問，為什麼能得「如是善報」的說明，但是「有如何程度的解，就有其不同程度的功德」，是含修行的，意即如智者大師闡法華經，有**法力修行力**之旨趣（見後佛法之修行）；所謂「**信、解**」即是信解上述**哲學本體論之本體生起**，亦即信解德國哲學家康德所釋：「**全體等於其自身〈物如〉**」。而此具體之言，有如仁王護國經中釋尊對波斯匿國王說：「**吾今所化大千世界**──百億須彌，百億日月，一一須彌有四天下……」；這就是說：整個宇宙的形體，都是我釋迦所變化出來的，亦即前述**釋迦牟尼佛即是全世界**，（A＝A）之具體說明，釋尊又說：「十方法界一切如來，皆依此門而得成佛，若言越此得成佛者，是魔所說，非是佛說」。一般說**釋迦牟尼佛**應化在人間，而說為應身佛，此乃方便之言，其實**釋迦牟尼佛**即是法身佛，觀普賢菩薩行法經云：「**釋迦牟尼佛**名毗盧遮那，遍一切處」可知「**釋迦牟尼佛**即是全世界」之有證，亦注腳也；在法華經化城喻品中，釋尊為安撫群眾，而變化出一座城市，即可一證事之有然。

第五節　以邏輯證述佛諦

為了解法華經是為「表明釋尊的本懷而說的圓教」，我們首先須了解**世尊**所說一切經都是用分析方式論述，而法華經卻是用綜合方式論述，正如牟宗三教授於大作佛性與般若中闡說：「世尊所說一切經都是"第一序"的問題，只有法華經所示是"第二序"的問題；法華經所說的是佛意、佛之本懷，是說解權實問題，迹本問題，不是解說特殊的教義問題……這顯然是"第二序"的問題，高一層的問題，也可以說是虛層的問題，"第一序"的問題，是"屬級"地位者，其功能是指導、調節的，而非構造的、創造的。我們須知此第一序的問題，皆以「分析方式」論述，而第二序的問題，則以「綜合方式」論述；**分析方式只是一概念的分析**，他**不能超越該概念以外而有所知**，換言之，即**它不能由此方式而得到綜合的知識**。

茲以邏輯來說明：謂詞不出於主詞者，是分析命題；謂詞超出於主詞者，是綜合命題；舉例言之，有一命題言：「凡一物體皆有橫、寬、高」，此即分析命題；若言：「凡一物體皆有重量」，此則是綜合命題；分析命題，光以「矛盾律」就足以解答，而綜合命題乃超越於已有概念，而求他物與所思維者二者間之關係，這種論述，須有第三詞來構成兩概念的綜合，所云第三詞乃其中介，是總括一切表象者，而其先天的形式——時間，乃表象的綜合，是建立於統覺之統一之上者；智者大師所云迹、本問題，權、實問題，其迹者、其權者，乃就"現象界"之現象中憑感覺、憑經驗、憑方便……即可取材得知者，而其本者、其實者，則必賴思維於"本體界"，什麼是本體界？「物如」就是本體界，物如就是「物自體」，此者，必賴「統覺之統一」，其乃先於經驗——不從經驗中得來，謂為「先驗」者；歸納言之：吾人之判斷既有分析與綜合之區別，又有「先驗」與「後驗」之不同，茲以下列四種形式邏輯推述：

〔一〕先驗的分析。

〔二〕後驗的分析。

〔三〕先驗的綜合。

〔四〕後驗的綜合。

右列四種判斷中，第二項後驗的分析，事實乃不可能者，因為分析命題已如前言：「謂詞不出於主詞」，故其無須依「新經驗」來成立，故不可謂為後驗的。至於第四項後驗的綜合判斷，因吾人經驗日新，不可預測，故其知識只是「或然」，而非「必然」，缺乏「確實性」，康德研解此中義理，得知吾人認知事物之方式與形態，皆只在「先驗的」形式下始可能（只在右列第一、三兩項），故謂之為「先驗哲學」，這就是康德曠世偉大著作純粹理性批判之理論基礎，指出知識不涵經驗要素，而道德、宗教之最高原理及基本概念，皆不隸此，而乃源於康德所闡之「實踐理性」，由之所衍之「道德哲學」、「宗教哲學」皆屬之。

前述法華經用綜合方式論述之說明，即可在「實踐理性」中諦解，亦在法華經所示「第二序的問題」中進解，例法國當代哲學家賴威遜（1813–1900）於其大作唯心實證論言：「認識”實在“須由”綜合“而不賴”分析“，最後”實在“（神）須由愛的同情藉直覺靈感與之冥合為一，苟以”理智“研求之，失之遠矣」，此正契佛旨也。康德所闡之「實踐理性」指出純粹理性不涵道德、宗教問題，而闡福、德問題，其大作「實踐理性批判」特述「上帝」〈指第一力量，非任何宗教領袖〉之存在因緣及其必然性，康德說：「”**德福一致**“是上帝存在之必然因果」——亦即此情有賴上帝之保證，始得產生「**有德必有福**」之因果，亦即德與福方能成正比例存在——善有善報，惡有惡報；有德即有福，無德即無福；由此可知：**德與福兩者乃是綜合關係，非同一概念之分析關係**，亦即第一力量（佛、上帝）乃**德福一致**之保證者，前段雖已言及「第一序」、「第二序」之旨，今再略述其要，蓋此關人類信仰之真諦，此者若明，宗教信仰問題應可清晰明瞭：

牟宗三教授於大學教授理則學並著理則學一書（正中書局出版），特以其最擅專之邏輯，解述A.E.I.O 四大命題以明福、德之諦（見圓善論第187頁），茲略作轉陳：牟教授說德與福底綜合結合，是一偶然的特稱命題，即存在命題，它既是一特稱命題，則它的反對面不結合而與「禍」結合，也是可能的，這種可能仍然是一偶然的特稱命題，兩者既都是特稱命題（I）命題、（O）命題，則他們兩者可以同真而不能同假，而德與禍之結合雖可能，然絕非否認個體存在，當然就不能成為一「全稱命題」，若成為全稱命題（E），則**德與福之偶然結合，便不可能**。若德、福二者之關係須結合，則有旨於（A）命題（全稱肯定）成就之，這就是前云須賴第一力量（佛、上帝）之保證也；前述已說明此論乃純粹理性範疇，非實踐理性範疇，宗教亦如是，乃實踐理性也。此云福德一致須佛、上帝之保證，但據前述，上帝乃一「**丐詞**」（邏輯用詞——預期理由），基督上帝乃世人依「**假設**」而存在者，非已存在而有證者，故邏輯或實踐理性均示：「**須以佛教印證諸法實相**」。

以上德、福之旨，於西洋哲學史中，自古希臘以來，即為所有思想家全力探討之大事，括之為三：

一、共相

二、至善

三、目的

此等問題，由大哲學家蘇格拉底（西元前 470–399）開其端，其云：「知識」即最高之善，其方在求「共相」，並以「正直之思維」，俾生「正直之行動」，此謂「有德」，「有德必有福」，此人生之目的也，亦即知識之歸趨也。其謂「共相」者，乃華嚴宗之謂「總相」——

一含多德（非別）是；其謂「至善」者，乃華嚴宗之謂「同相」——多義同成一總（不異）是；其謂「目的」者，乃華嚴宗之謂「成相」——由此諸義而成緣故（不壞）是，成而不壞，總謂「六相圓融」，斯亦即古希臘哲人所求之目的也，雖見「道德」名相，實質乃屬「知識」問題，亦即康德所闡「純粹理性」範疇。

隨後蘇格拉底高弟柏拉圖（西元前 427–347）闡發師說，柏拉圖門人亞里斯多德（西元前 384–322）更以其宏識，光大內容——以「共相」為中心，構成完美之「宇宙秩序」，而統於一最高觀念，是曰「至善」，成「理性化」宇宙系統之最終「目的」；此後希臘兩大哲學家伊比鳩魯及斯多噶學派為述有福必有德〈伊比鳩魯之論〉及有德必有福〈斯多噶派之論〉已略得其要，而康德之述，更契其旨，蓋因伊比鳩魯及斯多噶學派，均以德、福二者乃分析關係，非綜合關係者，而康德乃直指此二者乃屬綜合關係，此康德之高明處也。至於權實、迹本問題，之後也將因之而述，在此，我們特須指出，釋迦牟尼佛在世（西元前 566–486）之年代，遠距康德、伊比鳩魯（西元前 341–270）

及斯多噶學派．芝諾（西元前 335-263，創此學派）等皆甚遠，其時佛經即有「德福一致」（牟宗三教授譯為德福一致，吳康教授譯為德福合一）此等旨諦之詳述，觀之史實，**此旨**卻未見希臘、西洋大哲，有因襲論述闡發此等相關之思想，蓋文字、語言、空間及人文條件等皆相異之甚故，然吾等勿慮，爾後一剎那、一時乃至無數劫，業（智障）之有縛，繫解（得緣）有歸（正覺）也；哲人輩出，且文字、語言、空間及人文條件等皆將弭而無障，華嚴經偈讚品：「若人欲了知，三世一切佛，應觀法界性，一切唯心造」之佛旨，必有所彰也；華嚴經又云：「菩薩於菩提，當於何求？當於『五明』處求」，五明就是：因明、聲明、醫藥明、工巧明、內明，五明之一的「內明」，就是佛學；「因明」，即今日所云之「邏輯」也；前述法國哲學家賴威遜言：「"實在"（神）須由愛的同情藉"直覺"靈感與之冥合為一，苟以"理智"研求之，失之遠矣」之旨，亦此華嚴經偈讚品等有闡之旨也。

第三章　智者大師及其判教

第一節　位居五品之論

中國佛教史上，律宗初祖南山道宣律師（西元 596–667），著作甚豐，見之大藏經者，如續高僧傳、四分律行事鈔，廣弘明集等二百餘卷，汗牛充棟；考之史實，其律己甚嚴甚恆而感動忉利天主，乃派天女每日親送：**日中一食**；餐物至道宣律師阿蘭若處供餉之，長年咸然，有親見者、得傳聞者，遂多知悉；有日，天女送餐來時，道宣大師遂將日久積愫拜問天女曰：「聖者智者大師之前生為何？」天女敬答之：「智者大師乃藥王菩薩再來，其師慧思大師是觀世音菩薩化身」（註十六）。道宣律師嘗詳讀智者大師（西元 538–597）大作——法華文句、法華玄義、摩訶止觀……對智者大師之超上智根，崇之投地，今悉其乃藥王菩薩再來，乃大讚歎「良有以也」！道宣律師特於妙法蓮華經弘傳序中，開宗即言：「妙法蓮華經者，統諸佛降靈之本致也，非大聖（世尊）無由開化，非昔緣〔智者等〕無以導心」足見其之至解與讚歎之極也。

史載（註十七）當時智者大師爬山越嶺往詣南嶽．慧思大師，兩人初見，慧思即言：「昔共靈山聽法華經，宿緣所追，今復來矣」，隨共讀法華經，當讀到藥王菩薩本事品，諸佛同讚藥王菩薩言：「是真精進，真法供養」，豁然入定，即見靈山法會尚未散會，釋迦牟尼佛正在道樹下宣講法華經，而慧思大師、智者大師同在座下聽講之現景……出定後，智者大師將此陳白，慧思大師即告：「非爾弗證，非我不識」；由見，智者大師是藥王菩薩再來始有此特殊感應之情景；又另一史例，當時道宣大師接受天女日送一食之實，舉國幾已皆知，有日，玄奘大師大弟子窺基有約見談，道宣律師遂想何不令其親見天女送食情景，乃故稽延與窺基相談時間，不料久俟未見送食，窺基乃辭而別，隨後天女送食而來，道宣疑問：「何過時來耶？」天女答曰：「適者大乘菩薩在此，善神翼從者多，我曹神通為他所制，故爾」（註十八）**又**「適見大乘菩薩在此，翊衛嚴甚，無自而入也」（註十九），道宣以是知窺基得有如是特別侍衛，已非常人也，當下深悔觸犯自炫戒律，為之慚甚。

據智者大師首席傳人灌頂（章安）述：「智者，陳、隋二國，宗為帝師，**安禪而化，位居五品**」（註二十），所謂安禪而化，即**不出禪定，端坐取滅**；所謂「位居五品」者，即當時智者口授遺書後，其弟子智郎請云：「不審何位？誰可宗仰？」，智者答曰：「吾不領眾，必淨六根，以損己益他，但**位居五品**，吾諸師友並從**觀音**，皆來迎我；汝問誰可宗仰者，**波羅提木叉**是汝大師，**四種三昧**是汝明導」，言已跏趺，而入三昧，安禪而化。**波羅提木叉**，**戒律也**，智者大師**囑遵佛諭**：「**以戒為師**」是；**四種三昧即**殺、盜、淫、妄四波羅夷，乃諸佛、菩薩、一切聖賢不可犯越之戒法，智者大師囑累此者必遵也；觀今之說法者，卻有不以妄語為大戒者，令人愍甚也。

前引述歐陽竟無、印順法師皆以智者大師只「**位居五品**」未入聖賢位，即以此而貶其論述之價值，特此加述焉：

西土如龍樹、無著、世親等之稱菩薩者，乃時人尊奉者然，況其為初信、初住、初行、初迴向、初地耶？歐陽、印順特崇西土聖賢，可也，又何需以此「**非決定概念**」，無謂鑿斲耶？更須知：「唯識」乃是煩瑣之心理分析，**是識知，非智知**，不涉「智的直覺」，彼所評者，止於概念，無諦本體，何故孜孜於是？況所謂五品，乃一**因位概念**之述，智者大師從法華經分別功德品中「聞是經而不毀呰，起隨喜心」進至受持讀誦、為他人說、供養經卷、況復兼行布施、持戒、忍辱、精進、一心、智慧，兼行六度，正行六度，由此**五步驟**而開為五品位——

初品位隨喜（深心信解）、

二品位受持讀誦、

三品位為他人說、

四品位兼行六度、

五品位正行六度；

智者大師乃依法華經而論，故為**圓教**五品位（相等於別教之十信位，若依通教言，則已入聖位，若依別教言，雖未入聖位，而已入三賢位）也，其述乃申**各品位因**（若讀誦、若為他說……），意須如是修行而已，未表其位果，非如聲聞、緣覺之階果然，囑必信、解、行耳耳。我們皆知，十信、十住、十行、十回向、十地、等覺，**五十一位皆為因位**，妙覺乃果位，天台圓教特於五十一位前，再列五品弟子位，**亦屬聖因**，於此五品弟子位之前，乃屬**未覺之眾生**，唯「具佛性」而已，名曰「理即」，以及唯「解佛性之名」者，名曰「名字即」，此二者共曰「外凡」，五品弟子位與十信位則曰「內凡」，以此天台宗特以「六即」位綜攝之。茲列表如下：

六即佛：

（一）理　即：具佛性者（客觀法理言是佛，然未主觀覺悟者）──外凡

（二）名字即：解佛性之名──────外凡（聞教起信言外凡）

（三）觀行即：五品弟子位──（**外品**）──內凡（將入聖位言內凡）

（四）相似即：十信位——**（內品）**——內　凡

（五）分證即：十住位——三賢位

十行位——三賢位

十迴向位——三賢位

十地位——十聖位

等覺位——有上士

（六）究竟即：妙覺位——無上士

此者只述五品弟子位，但無六品、七品……以及其他更高之述，亦不另舉一、二品……較低之述，此表五品乃一**概念**，一示入賢聖位前修佛之「**需具程度**」也，故各品**各表位因**，非表位果，無必以此作價值述評，表列六即佛中，知外品、內品、外凡、內凡相聯義理，**不在切割，而在相攝**，抑觀行即、相似即，同位內凡，此智者大師謙語即此位也，亦其「安禪而化，位居五品」之實。具體而言，**五品弟子位亦"相似即"於十信位也**，此乃智者大師之位居五品之義諦，雖係智者謙言，但**正行六度為五品位**，吾等皆知，六度乃包括菩薩所修之一切行門，謂位等如西土聖賢菩薩，何遜之有耶？。原本智者大師一句遺言**位居五品**之述，卻令後世不同宗派者，惹多無謂諍論，由見成見之染深也。

第二節 五時八教

前述智者大師所云迹本問題、權實問題，均於「三部大作」有所詳述，所云三部大作即法華玄義、法華文句、摩訶止觀，在此特須強調：智者大師**最偉大之功業乃其圓教之闡與判教之述，判教**是「**分判性質**」，不是「**批判教義**」，**智者**判——「五時、八教」、「本迹、權實」及「性俱思想」等之闡發，此等功業均於三部大作闡述無遺，這是當時〈梁、陳、隋〉無人有此覺察、有此體認、闡述，**甚至迄今無人能及者**，唐、宋時雖有意見者，但都以本位欲取得「圓教」有致，此者當須以佛旨為憑，不以宗派立場、政治角度為據；智者大師為有諍者言：「夫分節經文，悉是人情，蘭、菊各擅其美，後生不應是非諍競，蓋無三益而喪一道，此斥此人捨本逐末，未得成就反喪其道也，所云三益者，世界悉檀、各各為人悉檀、對治悉檀也；一道者，第一悉檀也，四悉檀之論源於大智度論，南嶽（慧思）、智者皆大所倡行者；諦觀（高麗沙門，北宋來中土）對此有評：「天臺智者大師以五時八教判釋東流一代聖教，罄無不盡」（註二十一），此至當之評，更須強調者，**其所倡「圓教」之哲諦，乃舉世首創者**，之後才有康德最高善──「圓滿之善」論述。

所云五時，即是釋迦牟尼佛在世，先後所說經教之五個時段，及各時段所說之經名，簡述如下：

（一）華嚴時：佛成道後，第三七日，在寂滅道場，現毘盧遮那法身，對大菩薩眾，及宿世根熟者，說自證法，說此自證法，有對鈍根者試其適否之宜，若約佛化意，名「擬宜時」，以頓之方式，說圓滿修多羅，即華嚴經，但只攝大機，**不**錄小乘，猶有一隔之權，如日初出，只照高山，未照幽谷、平地，智者認為三意未周，故列為別教，所云三意未周，即一者有隔，二者不開權，三者不發跡也。

（二）阿含時（鹿苑時）：離開莊嚴道場，到鹿野苑，脫毘盧遮那法身，現釋迦生身，以漸之方式，說四阿含經，純小乘教共十二年，以誘引三乘根性，若約佛化意，名「誘引時」，之前以華嚴擬宜，卻見鈍根小機，如聾如啞，不攝大機、不開權、不發跡，亦三意未周，如日只照幽谷。

（三）方等時：佛本授大，眾生不堪，遂抽大出小，令斷結成聖，雖得此益，仍非佛之本懷，遂於後八年，說諸方等大乘經，如楞伽經、金光明經、勝鬘夫人經、維摩經等；方者，廣也，廣談之義；等者，均也，均被眾機之義，彈偏斥小，歎大褒圓，令前得益之小乘人，恥小慕大，若約佛化意，名「彈呵時」。

（四）般若時：小乘既被彈呵，決回心向大，為化大小二乘之執情，於說諸方等大乘經之後二十二年，依漸之方式，說般若經以融通之，般若部中不說藏教，正說別圓二教，兼說通教，以「空慧水」淘汰大小各別之執情，實只是依共般若與不共般若說圓教也，共般若為通教，不共般若為別圓教，專限於大乘而不共小乘者也，無論共、不共，般若實只是「共法」，而且它只是「作用」的圓，不是「存有論」的圓，般若之精神為融通與淘汰，融通就是統會歸於大乘而融化於實相；淘汰者，蕩相、遣執也；若約佛化意，名「淘汰時」。

（五）法華涅槃時：經前四時擬宜、誘引、彈呵、淘汰，鈍根小機，漸次誘導成熟，智慧增益，堪聞真實法門，乃於最後八年間說法華經，正明圓教，暢出世本懷，開方便顯真實，會三乘之旨，歸一佛乘，釋尊出世之本懷，咸於此時披露之，令開示悟入佛之知見，授記作佛，收一化之始終，若約佛化意，名「開會時」；更三月後，臨入涅槃之際，一晝一夜，說涅槃經，一為法華未熟人，追說四教，具談佛性，令知真常，入大涅槃，名捃拾殘機教，捃拾就是重新拾取藏、通、別方便教，點示三乘人，所謂追說四教，就是再說前所說教之重點；二為末代乘戒俱失故，更扶三藏，廣開常宗，設三種權，扶一圓實，名扶律談常教，涅槃最後談常，四教並知圓理，俱是無上醍醐妙法，合稱法華涅槃時。

荊溪云：「阿含十二方等八，二十二年般若談，法華涅槃共八年，華嚴最初三七日」，得便記持之。

智者大師於法華玄義云「大意」，這段論述，甚措其要，深得其旨，錄之如下：

「大意者，佛子從無名相中，假名相說，說餘經典（除法華經外所有經），各赴緣取益。至如華嚴，出逗圓別之機，高山先照，直明次第不次第，修行住上、地上之功德，不辨如來說頓之意。若說四阿含，增一明人天因果，中明真寂深義，雜明初禪定，長破外道，而通說無常，知苦斷集，證滅修道，不明如來曲巧施小之意。若諸方等，折小彈偏，歎大褒圓，慈悲行願，事理殊絕，不明並、對、訶、讚之意。若般若，論通，則三人（聲聞、緣覺、菩薩）同入，論別，則菩薩獨進，廣歷陰入，盡淨虛融，亦不明共、別之意。若涅槃在後，略斥三修，粗點五味，亦不委說，如來置教，原始結要之終。

凡此諸經皆是逗會他意，令他得益，不談佛意意趣何之；今經不爾，絓是法門綱目，大小觀法，十力無畏，種種規矩，皆所不論，為前經已說故，但論如來布教之原始，中間取與，漸頓適時，大事因緣，究竟終訖，說教之綱格，大化之筌蹄。

其宿殖深厚者，初即頓與直，明菩薩位行功德，言不涉小，文云：「始見我身，聞我所說，即皆信受，入如來慧」（言華嚴時）。

其不堪者，隱其無量神德，以資所樂法，方便附近，語令勤作，文云：「我若讚佛乘，眾生沒在苦」，如此之人應以此法漸入佛慧（言阿含時）。

既得道已，宜須彈斥，即如方等，以大破小。文云：「苦切責之已，示以所繫珠」（言方等時）。

若宜兼通，半（小乘）滿（大乘）淘汰，如大品遣蕩相著，會其宗途。文云：「將導眾人欲過險道」（言般若時）。

過此難已，定之以子父，付之以家業，拂之以權跡，顯之以實本（言法華時）」。

此五時，未列「密教時」，蓋密教，乃化儀也，是教化眾生的儀式，特列於化儀四教中，意即**任一時段有需，皆得行密**，亦即視機緣之宜而行密，不拘於某時也。

約例說明：甫逝不久之日本密師桐山靖雄（1821–2016）兩次來台傳法，彼於眾前，念密咒令盤內木片自燃（儀稱"護摩"者），此可證**吾人四周皆有緣在**——「十方諸國土，無剎不現身」（普門品偈），無論佛、菩薩、一切聖賢、護法、神、鬼……「因」（施咒者）有所示，或「因」有所祈求、敕令、約束、方便……等方式，一視咒性如何而決定，皆得「緣」助也，此尚屬小焉者例，云為「下品成就」者。

至云「中品成就」，乃所謂「煙成就」——香氣盈溢也，亦證緣在之所致，讀者於地藏菩薩本願經．地神護法品中，一悉**釋尊**所說：「汝（指堅牢地神）大神力，諸神少及，何以故？閻浮（指地球）土地，悉蒙汝護……」，而知堅牢地神是此世界之有情眾生之掌護者，統領民間信仰諸如土地公、城隍爺……者也（其餘不贅）。護摩——熖成就為下品成就，而煙成就，則為中品成就，至於上品成就，即是放光成就，此乃大焉者，以史例言：緣約西元九〇五年（唐朝最末年），雪峰大師在福建鼓山一大樹之洞中修行，約經四十年之長期用功，而得此「上品成就」——放光成就：雪峰大師於一夜裡，在修行中放大光明，照亮福州百里方圓，恰似白天，民眾成群結隊上山參拜……此址即今所承脈建立之福建鼓山．湧泉寺（註二十二），湧泉寺主修雪峰大師之成就法門：「穢跡金剛法」，且一脈相傳，亦兼修禪法、淨土等法門；以上略說密宗修行成就之事實，令可概知密宗之殊性。

至於所謂八教，即化法四教、化儀四教；化法，是教化眾生的法門，化儀，是教化眾生的儀式，茲分述之，所云化法四教，即：

（一）藏教。

（二）通教。

（三）別教。

（四）圓教。

所謂藏教，乃三藏教之略，斯指小乘教，順史結集方便言也，譬大論言：明三藏義，不讀衍經，非大菩薩而言，藏教乃**依六識**，為開示鈍根眾生而設者；通教則通前藏教，後通大乘教者，依**阿賴耶識**，針對三乘共同教義的聲聞、緣覺、菩薩而設者，使能趨向大乘；別教，依**唯一真心**〈如來藏・真常心〉而設者，是界外菩薩獨修的特殊法門，依次第進修圓行，故不同前、後而獨立；圓教，依**一念無明法性心**而設者，是一代教法之極致，純以**圓融原理**為基礎，亦即諸法本來互有，迷悟無別，因果不二，舉一全收……是以在實踐法門中，斷（染）而不斷（九界），「**不斷而斷**」。

此四教，見之雖感平易，但其內蘊刻劃出一切經之程度、價值，及其隨眾生根性所對應之性、相、體……尤具價值次第與圓、別旨趣，故悉之者難免多有競爽，此宗派各擅其主之情也；此中最上者，乃「圓教」，是釋迦牟尼佛在世最高價值之述說、最高階段之述說、最圓滿之述說，最終極之述說，任人均取尚之，此中尤以華嚴宗之爭長競短為然，蓋是時受華嚴宗三祖賢首大師〈**武皇則天**贈鴻臚卿〉、四祖**清涼國師**〈為七帝門師，壽一百二十歲〉之地位及卓論之影響甚大，當朝幾是華嚴宗之天下，他宗似乎寂然也，然智者大師在唐之前即已判述華嚴經為別教，指出**華嚴只逗圓別菩薩**之機，不錄小乘，如日初出，**先照高山**，是即**不開權顯實**也，頓說圓滿修多羅，而不明如來說頓之意，是即不開迹顯本，佛之本懷不暢也，故云華嚴三意未周（註二十三），尚非真圓實教，故**列為別教**，意其不同於前之藏、通二教，亦不同於後之圓教，**獨明界外菩薩位**，天台宗四祖荊溪深悟此諦，遂與清涼國師有論，述華嚴何以三意未周，鏗鏗然，國師不作正面回應；智者大師之判華嚴經為「別教一乘圓教」云其非究竟圓滿之教，故依法華經再確立究竟了義之圓滿之教，此即是「性具系統」。但賢首言華嚴為「同教一乘圓教」，其義即華嚴同於**一切權教**而不離，非捨權以言圓也。

天親菩薩言：「**華嚴等法華前教，雖盡理之法，未明五乘眾生皆成佛，未暢諸佛之心**，是故斯經〈法華〉最勝，結束一化始終，是故最勝，如神力品云，如來所有**一切諸法**，一切**自在神力**，一切**秘要之藏**甚深之事成，皆於此經宣示顯說，**餘經但當教明義，未暢諸佛之心**，是故此經最勝」（註二十四）。菩提流支言天親菩薩，乃忉利天主釋提桓因之弟，帝釋遣其下閻浮提，伏制阿修羅者，（世間現實，天親菩薩，乃無著菩薩之弟），由見佛經無有高下之分，而有**佛意**（因）與**個別經意**（緣）各暢其旨之述，天親菩薩所述明晰，意即其他所有經，雖說得頭頭是道，但都不說明五乘眾生皆可成佛，未把佛意說出來，只有法華經對此有所宣示顯說。

智者大師為更明此旨，特陳圓教「一念無明法性心」，即是「無住本」之衍釋，前已略云，今再強調：智者大師將無住本分兩方面說，即「法性」及「無明」，無住即是「**無明住地**」，「無住本」即是無始無明更無別惑為所依住，而無明無住即是法性，法性無住即是無明，是故「從無明立一切法」亦可「依法性立一切法」之旨是，這是**天台宗之基本義諦**，故不厭其詳，一再指嚮也，蓋欲有悟此道，法性無住，法性即一切法—法性無住，一切法是差別，法性是無差別，則差而無差，無差而差，三乘是方便，而「佛乘」才是唯一實教，故佛於方便品中一再說明，如「諸佛如來言無虛妄，無有餘乘，唯一佛乘」、「諸佛以方便力，於一佛乘，分別說三」、「十方佛土中，唯有一乘法，無二亦無三，除佛方便說，但以假名字，引導于眾生，說佛智慧故，諸佛出於世，為此一事實，於二則非真」。

由上略述，可知智者大師之判華嚴經為別教，乃據**本體理論**與世間法、出世間法之**史實基礎**為述者，無一情執。

智者大師對於「四教」與「四諦」之關係，有會通、精闢之闡述，俾更得旨解也：

「藏教」乃述小乘者，特以「**生滅四諦**」旨說之，蓋認為因緣生滅符之也。

「通教」則述菩薩乘者，觀因緣諸法即空，屬「**無生四諦**」，既一切皆空，四諦如然，無有能治之道，故云無生。

「別教」，以「**無量四諦**」旨說之，大師認為恆沙無量之差別相，即苦具無量相，二乘之智眼無法知見，唯菩薩能通曉其中奧理，故「別教」勝以當之。

「圓教」，則以「**無作四諦**」言之，蓋觀生死即如，無苦相可言，觀惑業本自清淨，觀生死即涅槃，觀邪即中道，無須滅、道也。

由以上化法四教之說明，可知一切佛經終歸於事實，歸於圓，此乃「五時」所云最後階段——「法華涅槃時」所述之「法華圓教」，而此圓教所表達者，即**開權顯實**及**發迹顯本**，**將**旨述於後，俾詳法華經之所以為「經中之王」之所以然。

所謂化儀四教即以彼化法說示眾生所用之儀式作法也：

（一）頓　教：對於利根之人，堪受大法者，則直施大乘之教，不必用引誘方便，如說華嚴經是。

（二）漸　教：或有鈍根，不堪直受大法者，佛對此機先說小乘教，漸次誘導，引入大乘，如阿含、方等、般若三時。

（三）秘密教：或又多人，於同座中，佛不思議神通之力，令大眾同會聽法，所聞各異，彼不知此，此不知彼，隱密赴機。

（四）不定教：或又多人，於同座中，佛不思議神通之力，令聽法之眾，或聞小法而證大果，或聞大法而證小果，彼此相知，得益不定。

以上化法、化儀之有如是不同，乃由眾生根性不融而致，而法華者，化道之終極，佛出世本懷之直說，純圓獨妙，根性調融一致，皆歸一佛乘，故約其教法，雖應攝於化法四教中之圓教，但若約開會部意，則高出八教之表，稱為超八醍醐，智者大師歸納至盡，得悉釋尊在世行誼及行儀，如此詳於示解本、迹之道，至可珍貴。**智者大師據上所述而旨云**：當知此經（法華經），**唯論如來設教大綱，不委微細網目**；意即其言：**法華經只述「說教之綱格、大化之筌蹄」**也。

第三節　天台宗之性具圓教——性具為本體，性起為現象

十法界六穢四淨，六穢即天、人、阿修羅、畜生、餓鬼、地獄，四淨即阿羅漢、辟支佛、菩薩、佛；六穢即性德惡，四淨即性德善；穢惡、淨善，乃指十法界說，十界互具為百界，亦三千世間法，穢惡淨善，本由無明心造（本言心具，蓋因心乃五陰中之一陰，言為陰識

心者，本性空寂，故捨此稱，而言性具、理具）；性德善惡，是**形容法者**，非形容性者，故**與儒家所言性善、性惡不同**。

所謂「**性具**」，乃謂本覺之性，**具菩薩界以下九法界之惡法**，及佛界之善法，**總具十法界之善、惡諸法也**。其他各宗只言性具善，「**不言性具惡**」，因之天台據此分判為別、圓二教。何則？正如天台宗荊溪大師釋言：他宗以「**緣理斷九**」——斷除九界之差別，始顯佛界之法身；荊溪大師特於金剛錍中言「無情有性」，此乃「性具」之轉語也，天台主法身必「**十界互融**」，必即三千世間法而為法身，而**三千世間法皆是本具**，皆是「**性德**」，無一可改，無一可廢，無一由作意造作而成，故**皆為無作**，「**法性必即無明而為法性**」，所謂「法性無住，法性即無明」，此即一切法皆不出如，皆以空為性故；由是說明天台宗走圓融之路，華嚴宗走分解之路，在華嚴賢首所說「不變隨緣，隨緣不變」，具指真心說，而荊溪則述「不變指性，隨緣指心」也；牟宗三教授對此有精闢之說明：「隨緣不變，不變隨緣，真如心隨緣起現一切法，謂之性起，非一念無明法性心，當下圓具一切法，故非性具；隨緣隨「到處」可有法起現，隨**「不到處」**則無法起現，是則於一切法之存在無圓足之保證也」（註二十五）。

法性具一切法，也就是說于一切法而為法性，譬例：一切水同以波為濕性，故不須強論此波、那波，此處水、何處水，又如海水，不論其于何處，皆是鹹性然，此等皆于前言九法界穢惡之法皆不出如，為法性所必具，故不可斷，佛果不斷九，蓋開權顯實，「即九界而為佛」，所云一念無明法性心，即具十法界，每一法界皆有三惡道性相，如此則十界互融如水，若情執十界則局限如冰；無明須斷，是在十法界中斷，**不是斷除九法界任一法而為斷**，此即所謂「**解心無染**」而無明中之差別法則不斷，亦即所謂「不斷而斷」，不斷，即不斷九法界任一法，斷，即乃所稱「除病不除法」也。在此特須指出，華嚴宗三祖賢首大師於其菩提心章曰：「隨舉一門亦具一切……然此具德門中，性具善惡，法性實德，法爾如是」，此非性具思想又是何耶？但華嚴宗之後主張「性起」，大乖「性具」諦理，豈不怪哉？

華嚴宗依其所立四法界「事事無礙」之教義，主倡「性起法門」，義即全性起用，**不藉他緣**，世間、出世間的一切法，全是性起，指述有「因」（性）即有法，一憑主觀力量，毋庸客觀助力，似否定龍樹菩薩大智度論所釋：「因緣所生法，我說即是空，亦為是假名，亦是中道義」及「以有空義故，一切法得成」，之緣生至理，其實真如有不變義，而無隨緣義，隨緣只是阿賴耶識，阿賴耶識無不變義（參見57頁），阿賴耶識是生滅法，是有為法，玄奘言其有圓成實性，述其真如理故，非真常心故，是乃抒義字，非實體字故，此與空宗所解者同。

性德上之善、惡法，雖不可改，但「**修善可滿**」，修善指修行善事，修惡指修行惡事，成佛者，乃"惡"盡——只行善而一無惡事也，吾人須知「淨穢法門不斷不改」，如維摩詰經言「通達惡際，即是實際，行於非道，通達佛道，能於五逆相而得解脫」，「一闡提」是迷逆之極，純作惡事者，但淨穢法門不斷不改，乃因眾生皆具佛性種子——主觀的說，即具「了因佛性」、「緣因佛性」，客觀的說即具「正因佛性」，遇緣善發，故「一闡提」亦可成佛，此即「性具」之諦也。

「性具」說明本體，而「性起」乃述現象界諸事者也。

此再瑣言要鍵—佛教所言之善、惡義，不是儒家所云性善、性惡之意，如三字經人之初，性本善之述，王陽明有言：「無善無惡心之體，有善有惡意之動，知善知惡是良知，為善去惡是格物」；此闡實踐之道者也，非闡善、惡之諦理者，佛家所言善、惡，非形容性者，是形容法者，十法界具存善、惡因—在地獄界，仍具存善因，在佛界，仍具惡因，然佛界惡因，無得發生作用，蓋其**無得緣生**；成佛得靠善因，而墮惡，乃自取惡因致果者也；所云形容法者，此「法」之意，猶如「類」意，萬法即萬類也，萬類即萬事也，乃指一切涵有言，前章「性具」一節，已述綦詳，由知，善法，惡法之外，還有「無記法」—無善無惡之法也，我們不必一一指向詞意，應知本體之諦可爾。

天臺宗九祖荊溪湛然大師於金剛錍中言：「**眾生但理**，**諸佛得事**」，此即前述「六即佛」中之「理即」，亦如前釋：具佛性者—客觀法理言是佛，就是理即也，然而眾生未主觀覺悟，故只有理，未得事，如何得事？修善可滿也（後文中有附錄修行一章陳述）。

綜上，藉以印光大師對聯，讚評智者大師功業：

判教五時，化儀化法雙詮，靈鷲親承諸善逝；

佛明六即，心作心是並闡，支那宏道無二人。

第四章　妙法蓮華經之正式內容及其性格

第一節　法華經的正式內容

依智者大師於法華文句中科判，分法華經為「迹門」及「本門」二門；所謂迹門，即從「序品第一」到「安樂行品第十四」為迹門；從「涌出品第十五」到「普賢菩薩勸發品第二十八」為本門；迹門及本門，各立序分、正說分、流通分三分；所謂迹門即是　世尊在世有生之年，而為吾人眼前所見之近迹；所謂本門即是　世尊宿世久遠以來已成佛之遠本也。

智者大師於迹門中，立三分如下：

（一）「序分」即序品第一。

（二）「正說分」即從方便品第二迄授學無學人記品第九。

（三）「流通分」即法師品第十至安樂行品第十四。

智者大師於本門中，立三分如下：

（一）「序分」即從涌出品第十五至彌勒已問是事，佛今答之，汝等自當因是得聞止，這半品是。

（二）「正說分」即從如來壽量品第十六至分別功德品第十七彌勒說偈止。

（三）「流通分」即從分別功德品第十七彌勒說偈後至經末。

由此得見本門「正說分」就是法華經的正式內容；（之前曾指出南懷瑾教授顛倒之述，即指此也，整部法華經的正式內容，被他指為附屬文章，不知他以那一品為正式文章？）。法華經的正式內容，就是**世尊**所說的「**世尊**壽命無量阿僧祇劫常住不滅，三乘為方便（權），一乘為真實（實），"開權顯實"旨於此也，若只說一乘，不能接眾機，根性非一故，此遂顯方便之必要，但方便非真實，不可執以為實。在此"正說分"中，聞世尊壽命無量阿僧祇劫常住不滅，亦得佛示：眾生皆可成佛也」；隨於分別功德品第十七中，佛說有聞佛說此實者，即可得有分別之功德，亦即如彌勒說偈云「無數諸佛子，聞世尊分別說得法利時，歡喜充徧身，或住不退地，或得陀羅尼……或一四天下，微塵數菩薩，餘有一生在，當成一切智，如是等眾生，聞佛壽長遠，得無量無漏，清淨之果報。」，具體言之，悟幾分佛旨，行幾分佛道，得幾分功德也；此即正式內容之簡述。

第二節　一切經皆「始覺」之述，以「第一序」方式說明各「法門」法數。

所云「第二序」一詞，雖然當今哲學家與學者，尚未對之有定然定義，然本文所假此詞，乃取自牟宗三教授甚諦之論點：「第二序者，是虛層問題，高一層的問題，無特殊教義與系統……只有名言意，無實法意，法華經是空無第一序之內容的，它無特殊的教義與法數，它的問題是佛意—佛之本懷」（註二十六）；故本文直接取言第一序者，以言「個別經意」也；取言第二序者，以述「佛之本懷」者也，俾以此定然定義，明確此旨，以得概念認知，又用免無謂諍議也，尤者，於今尚未有於此述更符旨諦者也，贅言之，尚無論者有出牟宗三教授其右者也。

世尊所說一切經中，最重要之三部經為：一、法華經。二、華嚴經。三、涅槃經。前於「五時八教」中，已說華嚴經是世尊始覺時，第一時所說頓教，除法華經外，華嚴經是一切經之首要，亦可代表一切經之旨諦，今為陳世尊講經說法意諦，先旨述華嚴經：

佛果親證不可說，故本經是借普賢菩薩之口以說者，在華嚴經如來出現品中云：「佛於一念中，悉知三世一切諸法，譬如大海普能印現四天下中，一切眾生色身形像」此言普能印現一切眾生心念，一如大海之印現眾生身像，這就是依**正覺**說「海印三昧」也，此三昧亦名「毘盧遮那如來藏身三昧」（見普賢三昧品第三），又云，一一佛前有世界海，微塵數普賢菩薩，皆亦入此一切諸佛毘盧遮那如來藏身三昧。普賢菩薩說：「此華藏莊嚴世界海，是毘盧遮那如來往昔於世界海微塵數劫，修菩薩行時，一一劫中親近世界海微塵數佛，一一佛所淨修世界海微塵數大願之所嚴淨」。賢首品第十二偈云：「一切方中普現身，或現入定或從出，或於東方入正定，而於西方從定出……」如此多所泛述入定、出定，涵隱、顯俱成事，而華嚴宗就此泛述，依「緣起性空」之原則，作成有條理的「法界緣起」論──「緣起因門六義」、「十玄緣起無礙」、「六相圓融」：這就是以毘盧遮那如來法身法界中之法，以緣起觀點而說為「法界緣起」，與錢啊賴耶緣起、如來藏緣起，層次不同，作用亦不同，於理論觀點言，它只是「緣起性空」一義之輾轉引申，以表示佛法身、法界之無邊無盡，圓融無礙，賢首大師特稱此為「稱法本教」，亦稱「別教一乘圓教」。華嚴經如來出現品云：「譬如日出，先照一切須彌山等諸大山王，次照高原，然後普照一切大地，日不作念：我先照此，後照於彼，但以山地有高下故，照有先後，如來亦復如是」，此喻可知，華嚴會上，根器差者，如聾如啞也，此非佛智隔眾生，乃眾生自隔也。

華嚴經入法界品共二十一卷，所佔份量最多，內容即是展示因中「學菩薩行、修菩薩道」而入佛法界之經過，這一久遠修行是藉善財童子來展現，善財童子於福城處，會見文殊師利菩薩，文殊告訴他：「到某處某人請問”學菩薩行、修菩薩道“」，善財童子遵照指示，輾轉南行，經由一百一十善知識，最後乃至彌勒菩薩處，此處稱「毘盧遮那如來莊嚴藏大樓閣」，彌勒告訴善財，汝可入此閣，則能了知學菩薩行，學已，成就無量功德」，善財於是進入，於一處中見一切處……但尚未見到普賢境界，彌勒遂指示他往文殊菩薩處，請教文殊菩薩：「云何入普賢行門，云何成就，云何廣大，云何隨順，云何圓滿」，及至文殊處，得見普賢菩薩如是自在神通境界，身心遍喜，踴躍無量……如是等事，悉皆明見，普賢菩薩告言：「我於過去不可說佛剎微塵數劫，行菩薩行，求一切智……如是重重複複，鋪排了十九卷。而華嚴宗以上述華嚴經所述事實，依大乘起信論之一心開二門，而展示「別教一乘圓教」之因果法。

華嚴經如是陳述「**學菩薩行、修菩薩道**」之個別經意，其他一切經，皆如然述個別經意也，牟宗三教授闡此佛諦，以「第一序」、「第二序」名詞分別為釋，以「第二序」方式陳述者，唯法華經一部，只表達「佛的本懷」——佛「**本覺**」如是也；其他一切經，都以「第一序」方式，各自表達「個別經意」——佛於菩提樹下「**始覺**」後所說者也，例解深密經之經意於阿賴耶系統，勝鬘經、楞伽經之經意於如來藏系統，維摩詰經之經意於不二法門，阿彌陀經之經意於念佛成佛之道，藥師經之經意於除病、消除業障……。

所云「本覺」，即眾生之心體，自性清淨，離一切之妄相，有覺知之德，非修成者，乃本有者，此即如來之法身也；而「始覺」乃云此本有心體，無始以來，覆於無明煩惱，隱藏至今，一旦依修治之功，即「本覺之內薰」與「師教之外緣」，始得覺悟之智，而顯其性德，是曰始覺；佛說一切經，皆始覺之述，譬華嚴經乃佛「成道」第三七日，所說第一部經即是，「**成道即是始覺**」；本覺乃始覺之體，二者本質一致，唯始覺乃依修治之功而致者然，故華嚴經只是權教，有待於開（開，即開權，即顯實，見下節第二序之述），無須有斥。仁王護國經云：「自性清淨，名『本覺性』，即是諸佛一切智智」；此者馬鳴菩薩於大乘起信論中，首闡論此本覺、始覺之述者也；故就「相」言曰本覺，就「體」言曰真如也。

第三節　法華經乃「本覺」之述，以「第二序」方式，表達宇宙「本體」，世尊本懷。

第一序、第二序乃哲學用語，若闡之於智者大師法華玄義之旨意，第一序者，所述於「跡」之內容也，第二序者，「本」之旨意也，因為餘經（其他一切經），皆世尊在世時所說，是云「近跡」者，且各於個別經意中分別陳述其內容；至於所云第二序者，雖亦是世尊在世時所說，但內容皆非世尊在世之事，甚是無始劫前、無終劫後之事，前述佛之「本懷」乃假於「遠本」而示意者，此「本」所示之意，即佛以「**常住不滅之如來壽量**以示教——眾生必得成佛者也」，本、迹之旨於是了然，最重要者，乃智者大師於法華玄義所述本、迹各有「十妙」之形容，妙之相對詞，是曰「粗」；以言「妙」之旨意，用現在習用語句說，即「殊勝」義；而「粗」則形容「平凡」者；茲關經諦之了然，特簡述之：智者大師於法華玄義．釋名中解釋經名之妙，有：

——迹門十妙：境妙、智妙、行妙、位妙、三法妙、感應妙、神通妙、說法妙、眷屬妙、功德利益妙。

——本門十妙：因妙、果妙、國土妙、感應妙、神通妙、說法妙、眷屬妙、涅槃妙、壽命妙、利益妙。

如何判粗、妙，權即粗，實即妙，此為是所據者，既有粗，即應開粗成妙，開權顯實，如是令成一妙，就迹門言，即迹門十妙，迹就是近迹，也就是佛四十年一期之教說，此云近迹，則久遠已來即是遠本，此即是開近迹顯遠本，故有本門十妙也，本初照十粗十妙皆名為實，這就是說明　佛自照自證之法理即如此也。智者大師於法華玄義中，先約六義說六重本迹，這六義即：

一、約理事明本迹：「從無住本立一切法」，無住之理即是本時實相真諦，一切法即是本時森羅俗諦也，由實相真本垂於俗迹，尋於俗迹即顯真本。

二、約理教明本迹：本時所照二諦俱不可說，故皆名本也，昔佛方便說之，即是二諦之教，教名為迹，若無二諦之本，則無二種之教，若無教迹，豈顯諦本。

三、約教行為本迹：最初稟昔佛之教以為本，則有修因致果之行，由教詮理而得起行，由行會教而得顯理。

四、約體用明本迹：由昔最初修行契理，證于法身為本，初得法身本故，即體起應身之用，由於應身，得顯法身。

五、約實權明本迹：實者最初久遠實得法、應二身皆名為本，中間數數唱生唱滅，種種權施法應二身，皆名為迹，非初得法應之本，則無中間法應之迹。

六、約今已論本迹：前來諸教（除法華經以外，所有經教），已說事理乃至權實者，皆是迹也，今經（法華經）所說久遠事理乃至權實者，皆名為本，非今所明久遠之本，無以垂於已說之迹，非已說迹，豈顯今本？本迹雖殊，不思議一也，文云：「諸佛法久後，要當說真實」。

右第六重「約今已論本迹」乃其中最重要的，蓋前五義皆約「理論層次」而言，而第六義乃述事實層面，此說即表世尊在世四十餘年所有教說皆是近迹也，但佛之近迹乃其永恆生命之一階段，佛之八相成道而現為八十歲之一期生命，亦其永恆生命之示現，其成道並非自今日**分段身**「始成」，他早已是佛，故其宿世久遠已來無限期間即名遠本；我等皆知，佛有三身：一者法身，二者報身，三者應、化身；智者大師所說本迹，于三身言，本者，法、報二身是，迹者，應、化身是，若嚴格言，報身亦可列於迹，因迹時段中，亦有即修成佛者也；世尊在世八十年，即是應身，法華經如來壽量品〈第十六品〉所言：「我實成佛已來，無量無邊百千萬億那由他劫，常住不滅」，這就是指法身言，故除法華經外，世尊在世所說一切經，都是近迹，唯有法華經稱為「遠本之說」，因此世尊在世四十餘年所有教說（除法華經外，其他所有佛經皆是近迹），近迹當然都是權說、方便說、因宜而說、為個別經義而說也，既是權說、方便說，當然不是「實說」，什麼是「實說」，法華經第十五品至二十八品則是實說，是乃**顯本、顯實**之說，第一品至十四品則是權說，全是近迹也；因此智者大師再三指出法華經無個別經義，只在說明佛之本懷——令眾生都能盡速成佛，也特別在前十四品中說明所有聲聞、菩薩，乃至微塵數眾生，俱已在遠本中總授記，皆可成佛也，這是其他一切經所未言之者。

由是，智者大師更約云法華經如來壽量品〈第十六品〉至分別功德品〈第十七品〉上半品彌勒說偈止，為法華經之"**正式內容**"，此內容乃述世尊成佛已來，無量無邊百千萬億那由他劫，常住不滅之實然，並以期佛子信解經旨；易言之，說三乘乃為方便，乃是權說；說一乘，乃真實說，但若只說一乘，則不能接眾機，蓋須兼顧大部分眾生之根性然也。智者大師特別強調，開權以顯實乃所必須，吾等當知此"開"者，非施設義，乃順所已施設者開發之、暢通之、決了之謂。牟宗三教授特指出：法華經法師品有云：「若聞是深經，**決了聲聞法**，是諸經之王，聞已諦思惟，當知此人等，近于佛智慧」，此中之「**決了**」即是智者大師所說「開」字之所本也（註二十七）。

於此須說明：除法華經外，一切經都是用「分解」的方式陳述者，所謂分解方式，不是相對於「綜合」的分析方式，乃相對於「圓融」方式者言；法華經是以圓融方式而說，整部經意不可分解，其他一切經都以分解方式陳述個別經意，其述又以「**分析**」法為之，故各有無數觀點解析，任何之解析皆可成就此論之專家，而專家之間又互有異，故一經中法數甚多，各有主張，論述無窮，這就是牟宗三教授所說之「第一序」之內涵。

觀察佛經第一序上有二系統，一者阿賴耶，二者如來藏，若系統多端只能於第一序上說明；若言第二序者，只有法華「發迹顯本」一個系統；第一序之述，如解深密經即闡說阿賴耶系統者，勝鬘經、楞伽經即教吾人如來藏系統者；第一序者，以言個別經意，又以分析之方式說明，而分析的圓教不能決定，蓋謂詞皆出於主詞也，前章（第72頁）特述此邏輯規則，得免長篇大論之辯解，華嚴經就是如此──以分解、分析之方式述說者，從此角度觀察，始云其有所不圓也。

前有言法華經乃釋迦佛稱本心而說，非為堅固深信或欲令樂聞而遽然開示者，故於短短序品中四次強調：法華經是說：「無量義」、「教菩薩法」、「佛所護念」，又於「譬喻品」、「化城品」、「見寶塔品」中各再強調本經是名：「法華經」、「教菩薩法」、「佛所護念」，依天親菩薩之法華論言，此經有十七種名，此「無量義」即為其中第一者，「教菩薩法」為其中第四者，「佛所護念」乃其中之第五；顧名思義，「無量義」者，不墮於數量，即所說法之義**不可稱量**、**不可測度**之謂；「教菩薩法」，乃謂此經所被之機，盡為菩薩，為菩薩而說也；「佛所護念」，乃謂此經皆稱佛之本量而說，依佛之本智而說，為佛所自證之法，故為一切諸佛之所護念；故從其一再強調此等之名，即知此經之重要，以「佛所護念」而言，眾生有是知、有是行，即為佛所護念，蓋佛自證之法之必然感應也。

吾等皆知「方便品」專說實相，乃佛對上上根性之人所說，故以「**法說**」以述，為使**上上根性**人如舍利弗者有所悟而說者；之後為使

中根性人有所知解，即以「**譬喻說**」為說，茲舉例言之：

此經有「**七譬喻**」，如譬喻品第三中之”**火宅喻**“，信解品第四中之”**窮子喻**“，藥草品第五中之”**雲雨喻**“，化城品第七中之”**化城喻**“，授記品第八中之”**衣珠喻**“，安樂行品第十四中之”**髻珠喻**“及壽量品中之”**良醫喻**“等七種，此皆為對治七種增上慢者之所說；今特以”火宅喻“為例說明——

世尊為對治以”**人天果報為究竟**“（其他宗教皆以此為是者），乃喻云：「若國邑聚落有大長者，其年衰邁，財富無量，多有田宅及諸童僕，其家廣大唯有一門，多諸人眾，一百、二百乃至五百人止住其中，堂閣朽故，牆壁隤落，柱根腐敗，樑棟傾危，周匝具時欻然火起，焚燒舍宅，長者諸子，若十、二十或至三十，在此宅中，長者見是大火從四面起，即大驚怖而作是念：我雖能於此所燒之門安穩得出而諸子等於火宅內，樂著嬉戲，不覺、不知、不驚、不怖，火來逼身……無求出意，是長者作是思惟，是舍唯有一門而復狹小，諸子幼稚未有所識，戀著戲處，或當墮落為火所燒，我當為說怖畏之事，作是念已，如所思惟具告諸子，而諸子等樂著嬉戲，不肯信受，不驚不畏，了無出心……爾時長者即作是念，當設方便，令諸子等得免斯害，父知諸子先心各有所好種種珍玩奇異之物，情必樂著，而告之言：汝等所可玩好希有難得，汝若不取後必憂悔，如此種種羊車、鹿車、牛車，今在門外，可以遊戲，汝等於此火宅宜速出來，隨汝所欲皆當與汝，爾時，諸子聞父所說珍玩之物，適其願故，心各勇悅，互相推排，競共馳走，爭出火宅……爾時長者各賜諸子等一大車」。以上乃喻世間如火宅，宜速出離，當得三乘——聲聞〔羊車〕、辟支佛〔鹿車〕、佛乘〔大白牛車〕。世尊即言：舍利弗！如來亦復如是，無有虛妄，初說三乘引導眾生，然後但以大乘而度脫之。

以上佛示可知，佛為對治各慢，而詳說平等真義，天親菩薩於法華論中有述"三平等"之義，例授記乃為明"各乘平等"，寶塔品乃為明"生死涅槃平等"，亦于中見釋迦牟尼佛與多寶佛報身同坐，此可明"報、化二身平等"，是知世尊為對治各慢即思其道，而以譬喻望切，亦知世尊對傲慢者之多障，有所多期於消除也，可不勉乎。

後為使**下根性**人有悟，則以「**因緣說**」為說；從「化城喻品第七」以下三品乃因緣說，佛因下根人，無法於「譬喻說」中了悟，特作此說，陳述大通智勝如來之時同下一乘之種，令其得悟，乃依宿世因緣而說，此中特述阿彌陀佛與釋迦牟尼佛宿世之緣——同為大通智勝如來未成佛時之十六王子之一，更述眾生皆**於多劫前俱已「總授記」**而成佛之史事，一體心、佛、眾生不二之諦。

右簡述「迹」之所陳事，其至要者，乃後述為「本」者，意即整個宇宙之一切事、理均歸於佛也，均源於佛也，均出於佛也，此即佛意如是——「發迹顯本」，亦即「本體」之論，異於「現象」之論也；**性具為實相學**，言之為「本」者，而**性起則是唯心學**，言之為「迹」者也。

所謂「發迹顯本」亦即「開權顯實」，此乃法華經之經諦，一部法華經將近七萬字，經諦旨歸於開權顯實也，旨在令方便（權）行事之宜，回歸真實，所謂真實，即是「**佛意」也**，方便行只是為了應宜，只是手段，非是目的也，目的者實踐「**佛意」也**，法華玄義曰「華開蓮現，譬開迹顯本」，具體言之──「每自作是意，以何令眾生，得入無上道，速成就佛身」，此偈即此諦也，世尊知道，眾生根性不一，況低根性者甚多，佛所說事，眾生未必有信，譬如佛說藥師經時，就問阿難相信我說的這部經嗎？阿難斬釘截鐵地答說：「我於如來所說契經不生疑惑，一切如來身語意業，無不清淨」，世尊又說：「阿難！一切聲聞、獨覺及未登地之菩薩，皆悉不能如實信解，唯除一生所繫菩薩（等覺菩薩）」，世尊如此猶讚阿難之智慧有如等覺菩薩，冀其如實信解也。由此可見世尊所講藥師經，都要根性高如等覺菩薩者，才能信解，何況講此深奧之法華經，必有更多疑惑者也，可見「開權顯實」之不易也。

佛教的名相很多，對於初學者，常生困難，一切法是「差別」的，但法性是「無差別」的，以例言：所云法身、真如、實相、中道……這是從正面說的，若云煩惱、眾生、剎那、己身……則是從負面說的；一般學者，見此名詞，即一一想知其個別意義，如學文學然，疑惑乃生也，蓋只從「差別」處探討，未從「無差別」處研悟其性也，龍樹菩薩闡般若而言：「因緣所生法，我說即是空，亦為是假名，亦是中道義」，又云：「以有空義故，一切法得成」，這種闡述是非常珍貴的，所謂因緣所生，即說明二者互依，非相斥者；因者，主觀條件，操之在我；緣是客觀的，成之於他；主客相攝，即是中道諦：「一切法得成」，以數字釋例言之：因、緣相加得百數即成，若50+50＝100然、49+51＝100 然、90+10＝100 然、99+1＝100 然，如果99+0.9則不成，99.99+0.0001 亦不成，蓋未滿100故，世間一切事皆如此，不可自恃有九十九分條件，勢必可成，非也，「九十九分」如同「一分」，不足「成數」就是未成也，俗言「成事不足」──「緣成」之真義即在「成數」須滿。在此，再檢述中論之言「以有空義故，一切法得成」之義諦，「空」即表「因緣生」，亦即「無自性」義，**無自性豈可有華嚴宗主張之「性起」**？又怎可有華嚴宗主張之「法界緣起」？其實，華嚴宗乃承其前唯識理論及大乘起信論而建立的，遂有可諍也，以唯識言，玄奘譯其有四性──遍計所執、依他起、圓成實，遍計所執，就是法界緣起前義，依他起就是因緣所生法；大乘起信論，闡一心開二門，一者心真如門，二者心生滅門，心真如者，即是一法界大總相，大總相就是平等性，就是絕對的普遍性，遂有如來藏，生滅門之流轉法，而有緣起，真如門之功德法，而有性起，特此加以說明。

第四節 般若經是共法，無任何系統，無任何教相，不說法立教

前述「五時八教」已知釋迦牟尼佛在世，先後所說經教之五個時段，般若經是在第四時所說，是用最長的二十二年說此最大部經，般若經是「**共法**」，是「**無諍法**」，都用「**遮詮**」的方式說，是消化層，既是共法，即說明般若適用任何法門，通適任何經，般若具足一切法，它是水平的具足，不是一切法豎生根源於般若，般若之妙用，就在它不曾予一切法一根源性的說明，般若是「**作用**」的圓具，不是「存有論」的圓具，這就是般若經的「限定相」，般若智的作用，在於**成就一切法**，龍樹菩薩之大智度論與中論，對般若經之闡釋最契諦理，「**表

詮」**則**云此為**以空為性**，「**遮詮**」**則言此為緣起性空**；在此順便說明，什麼是「表詮」？什麼是「遮詮」？這是邏輯專有名詞，例釋：水是濕的，這就是表詮之詮；若說水不是乾的，這就是遮詮之詮，同以表達事義者，方式有異而已。

牟宗三教授特別提醒：「若以此空性為本體或實體，則誤也」——蓋空性是「**抒義**」字，只是抒緣生法之義，也就是說，**以無自性義**，**始成緣生義**，這是詮表上的「邏輯因故關係」之用語，非客觀的「實體生起」上，存在的因果關係之用語。般若經非常重要，是共法，但是須知：般若經無任何系統，無任何教相，它不負系統教相之責任，只負「蕩相遣執，融通淘汰，皆歸實相，所謂無相」的最重要責任，也就是說，般若經的獨特性格，是「不作說法立教」，只就已有之法，而融通淘汰，蕩相遣執，皆歸實相，這種**過濾**、**考核**的責任是很周延的、嚴謹的。

本書主述法華經奧義，法華經奧義具於法華玄義展現，法華玄義之解述，可參閱法華玄義探微一書，其資料甚贍也（註四十八）；又特述般若經旨諦者，以其同為無諍法故，特是共法之殊義，般若經能成就一切法，但不是存有論的性具一切法，要說存有論的性具一切法，必待法華經也，以其乃「第二序」之述，佛意如是也，佛性如是也。上述華嚴、般若、大論、中論、法華……如是輾轉糾纏談述者，蓋佛經似有未分明處，有待其旨趣之明晰理解也。特須再說明者，乃華嚴宗性起系統，旨於**依體起用，不待他緣**，**乃**易混淆本體論生起者，前文多有述陳，可參悟也。

而禪宗特異，亦須一提，若取其旨趣，則其他各經、各法門、各宗全被否定；禪者，以心傳心，直指人心，見性成佛，教外別傳，「一切經典如標月之指」，既如是，修禪不需讀經，不須解經，不依經文；前述佛經、佛法，不論理論，不論實踐，皆無相涉也；如「參話頭」，譬參「念佛者是誰」，一句參到底，不念、不聞、不議、不讀、不誦，如稱「教外別傳」之旨趣是。於此特述禪宗之為事，據馮友蘭教授釋：佛教各宗皆以形上學「正底方法」為述，而禪宗則以形上學「負底方法」以說明，禪宗出於佛家的空宗，但與空宗及其他各宗，仍在同一層次之內……道家也是以「負底方法」講形上學；禪宗自以為所講底佛法，是「超佛越祖之談」，事實禪宗雖是繼承佛家之空宗，亦是繼承中國的道家，臨濟宗云：若第一句中得，則與祖佛為師；若第二句中得，則與人天為師；若第三句中得，則自救不了。何謂第一句？曰：「我向爾道，則是第二句」；此云第一句，即是佛說之第一義也；又說第一義所說者，不能說是心，亦不能說是物，「有擬義即乖」，所以第一義不可說。如此之論述，只是「**方法**」**之有異**而已，非道之有別也。馮友蘭教授所言甚是，蓋禪宗之表達方式，皆採「負底方法」以說明，避免「有擬義即乖」（以白話來說，就是"有想解說的意念就已犯錯"的意思），因為此非佛意，佛意不靠揣摩，此者前章已有述及，其所詮釋方式皆是抒義字，非實體字故，此與空宗所解者同，抑前云此乃表達方式之不同，非義理有異，即前頁有述此乃以「遮詮」方式表達，非「表詮」之述，非是見解不同，更非有義理之乖也。（註四十九），故今書所撰不另有述禪宗。

第五章 結 語

第一節 佛性乃佛果之因地：一切眾生皆可成佛——佛性者，正因佛性、了因佛性、緣因佛性

前言華嚴、般若、大論、中論、法華……如是輾轉闡述其相關旨意者，尚須有賴涅槃經「佛性」之旨解，以得明晰也；「人人都可成佛」，「心、佛、眾生不二」……這不是用來勉勵眾生的口號，成佛是「果地」，若無「因地」以致，則無成佛之保證也，亦即「無因致果」者，未之有也。

以言涅槃經，其乃佛最後時段所說者，經中重點即在佛性之陳述，亦即陳述「因地」之佛旨，但涅槃經未具體以條理述，今摘數段經文以說，以見其實，經曰「我者即是如來藏義，一切眾生皆有佛性，即

是我義……」（卷七如來性品）、「因有二種，一者正因，二者緣因」（卷二十八獅子吼菩薩品）、「佛性者名第一義空、中道者名為佛性」（同前）、「眾生佛性亦有二種因，一者正因，二者緣因，正因者謂諸眾生，緣因者為六波羅蜜」（同前）、「佛性具有六事：一常，二實，三真，四善，五淨，六不可見。」（卷三十四迦葉菩薩品）……涅槃經言佛性，猶是分解的說，只是「扶律談常」（扶三歸一）而已，但其中有言「中道第一義空」，此已函圓頓說，可被納入「性具系統」，如上雜多之述，似未括結為具體、條理之旨陳，讀之者尚需前後有攝，左右旁通，始見旨趣，今綜合條理之：

述此之前，先以荊溪綜述天台宗旨，而提綱挈領云：「以法華為宗骨」、「以大論為指南」、「以大經為扶疏」、「以大品為觀法」；這四個綱領中，「以大經為扶疏」之大經即是指涅槃經，其他三者，即前述輾轉談述之經論，大論即大智度論，大品即般若經，可見天台宗成宗之理論結構，「以法華為宗骨」，正顯其他三綱為天台「助緣」，並見其異於華嚴宗旨者，蓋前已云性具、性起二者之異諦，得以分判也；前言涅槃經中重點即在佛性之陳述，亦即陳述「因地」之佛旨，特顯佛果以是有致也。

前述涅槃經說佛性有二種因，一者正因，二者緣因，智者大師基於此說，乃析釋佛性為三因佛性—正因佛性、了因佛性、緣因佛性（註二十八），「佛性」這理念之陳述，是為了說明「成佛」可能之問題，進一步更說明依何型態而成佛的問題；智者大師云：「了是顯發，緣是資助，資助於了，顯發法身，了者即是般若觀智，亦名**慧行**正道，智慧莊嚴，緣者即解脫，**行行**助道，福德莊嚴；「**行行**」**與**「**慧行**」乃相對而言，「**慧行**」是屬於智慧行的行，「**行行**」**是**屬於禪定行的行。大論云：一人能耘，一人能種；種喻於「緣」，耘喻於「了」，通論教教皆具緣、了義；今正明圓教二種莊嚴之因，佛具二種莊嚴之果，原此因果根本即是性德緣、了也。這已說出三因佛性之因緣性，亦即說明「**法佛性**」與「**覺佛性**」之相攝，法佛性者正因佛性也，覺佛性者了因佛性、緣因佛性也；正因佛性即是「**佛之體段**」轉為「**因地**」，這是客觀說的佛性；了因佛性、緣因佛性，則是主觀說的佛性；主觀說的佛性曰「**覺佛性**」，客觀說的佛性曰「**法佛性**」，特強調了因佛性、緣因佛性非外求者，乃於正因佛性中**分析**得之者也。智者大師釋此三因佛性與「三德」相對應—正因與「**法身**」相應，了因與「**般若**」相應，緣因與「**解脫**」相應，亦即**法身德正因**也，**般若德了因**也，**解脫德緣因**也。上引涅槃經言：「正因者謂諸眾生，緣因者為六波羅蜜」，這是最具體的解釋，因為主體（眾生）是依據（客緣）而成者，此緣即是**六波羅蜜**—布施、持戒、忍辱、精進、禪定、般若也。

佛性有二義，一是**佛之體段**，二是**成此體段之性能**，這種由佛果轉為因地而說佛性者，即表佛之體段也，此即說明一切眾生皆有正因佛性者也，即表示一切眾生皆可達至佛之體段也，也就是智者大師所述六即佛之「理佛」義，亦即說明今之眾生為「**煩惱所覆**」，以致正因佛性未顯而已，故須於「了因」而**知識手段**，藉「緣因」**成就體段**。

涅槃經又云：「一切聲聞緣覺經中，曾不聞佛有常樂我淨，佛性無差別相，犯四重罪、謗方等經、作五逆罪，即**一闡提**，悉有佛性，今於此經而得聞之」（註二十九）。這說明**涅槃之體人人可得**，即一闡提亦可獲得，理諦在於**諸佛菩薩於一切法不見定相**（同前**註**），定相由於有自體、有自性，這就是執著；不執著有自體，則「無定相」，此即因緣所生法也，但涅槃經言「常、樂、我、淨」，則是**由觀不定而證得者即稱有定**，這種定相是**客觀的說**，若主觀的執有大涅槃，**則成識念，亦為「不定」**，依「不定原則」，一切皆可轉化，依「有定原則」，轉化而證果也。此即稱：眾生皆具佛性──**「一切眾生皆可成佛」**也。

第二節

讀誦解義，如說修行妙法蓮華經，必諧娑婆世界，其由如如──往昔震旦，現在中華，未來「華藏世界」。

曩昔天竺稱中國為震旦，「震」表東方（易經說卦：萬物出乎震，震，東方也），「旦」表太陽所出處，震旦即震東也，又 China 之音，指秦，日譯支那，音似震旦者是；讀佛教史者，皆知佛教自天竺傳入中國，約在我國後漢時期，據後漢書之記載，當時因漢明帝求法見金人而知有佛陀之教，故派遣使節赴西域求取佛法，在途中遇到以白馬馱著經、像的迦葉摩騰及竺法蘭兩位梵僧，時為永平十年（西元六十七年），歸至帝都洛陽門外建白馬寺，從此而後，藉此陸路，東西來往始繁，佛經流入見常，僧團之交誼亦頻，而最重要者，乃中國自古以來的文化，深契佛諦，最能充實、代表中華文化思想者，厥為儒家及道家，蓋儒家之「仁德、性善……」及道家之「無為、不爭……」旨諦，正契佛道，故佛法傳入中國，即深契人心，全盤攝受，全盤融合，這就是佛教傳入中國至今約二千年，佛教質、量一直皆冠世界之最要義理所據。

日本是僅次於中國者，以佛經言，中國有最完備之大藏經，日本亦仿製之，如大正大藏經之編印，厥功至偉（筆者至今仍習用大正藏勝於他者），當然日本全國亦宗於此；最值得一提的，是日本並未以其有日文，而改翻成日文佛經（韓國亦然），何以故？不是麻煩問題，而是無此條件，因為佛經是從印度梵文翻譯而來，而大藏經所有譯師，以中土五大譯師言，如西域龜茲籍者鳩摩羅什、中土籍者玄奘、義淨，天竺籍者真諦、不空等，皆是最忠實、最正確、最完美的專業大譯師，日本許多大學之習佛者，曾構想欲直接從原梵文翻成日文佛經，俾方便全民閱讀，但經試驗，完全無法完備如中文大藏經，不只文學問題，而最重要者乃譯師條件相差太遠，日後世界局勢、文化等所趨，更難逆此基本要件也；我們看韓國佛教信仰者日減，正因無法有韓文佛經之出現，而韓國又排斥中文，把原通行於韓國之漢字，改成現在之韓文，故韓人能閱中文者甚少，欲讀中文大藏經，談何容易，如此以否定漢字，而區隔文化，顯其自尊之有畸，甚障融合也，而日本有悟於此，仍沿用大正大藏經（漢文）為最要取益、資料、悟解工具，這也說明中華文字、文化之涵攝性，融合性之偉大也。

日本‧大谷大學前校長野上俊靜博士於所著佛教史概說中說：「在亞洲世界的歷史上，佛教佔的比重很大，佛教不但在長時間中，支持著許多人的精神生活，且及於文化各方面，不用說政治及經濟，也直接或間接的，受了不少影響，作為盛行於東亞佛教根幹者，則是『中

國之佛教』；當今學術界若於佛教不夠理解，便無法談論亞洲文化」；從此可看出：日本民族與中國文化關係締深也。

大陸主席習近平先生，精讀歷史，諦解佛道，茲以小例略證此情，據「國際西藏郵報」（二〇一七年十月）之報導，達賴喇嘛在印度德蘭薩拉說：「習近平指出**佛教是中華文化不可分割的一部分**，他的母親和妻子都是佛教徒，加上約有四億中國人修習佛教，此數且正在成長……」，達賴喇嘛並強調，他不搞分裂，不主獨立，只希望西藏特有之文化、語言、信仰、地區特性等，都能善續，因而有望以**自治**而保障爾爾；由此略可悉知，大陸正在成長的佛教信仰，其主觀條件，與客觀環境、情勢均有趨於**佛諦之濡化**，習近平、達賴，均有是悟——**一同之統，非治之統**，乃同之諦所然，大道之行也，天下為公。試觀現今之西班牙，主而為私有一獨者，恐難見容於總也，蓋天下一諧，必將因心之所冀而有臨，台灣之況，又何異焉？

於此特列清末、民國中華文化二聖哲典範，有誌焉：

一者，曾國藩（1811–1872），他把中國自古周文王、周公、孔子、孟子……至清朝以來，最偉大、影響最深的聖賢，總結為三十二人，希望民族後代子孫，以之為宗聖之對象，他在聖哲畫像記中特提出佛陀對中國文化之濡深，他說：「自佛陀言**因果禍福**，而**為善獲報**之說，深中於人心，牢固而不可破」，他強調善、惡，因、果，禍、福報應等之佛旨，影響中國人心非常之深，牢不可破，他深解佛教因、果不爽至理，深悟**中華文化與佛教深攝**之諦，他的自勉之偈有曰：「每日清晨一炷香，謝天謝地謝三光……」（三光，日、月、星也），由知其感佛加被之情，更勉後人：「知行合一」，並以行動成立湘軍，消滅悖於中華文化，而崇奉「**上帝教**」之太平天國，創歷史至功，然其非然者，乃未禁絕軍士，於攻城後燒殺擄掠，惡業由因也，終於剿捻之戰失功而有憾。

二者，連橫（1878–1936），著台灣通史，但今之主司，忽其教化價值，是為可惜；連橫於台灣通史序言：「夫史者，民族之精神，而人群之龜鑑也，代之盛衰，俗之文野，政之得失，均於是乎在……洪維我祖宗，渡大海，入荒陬，以拓殖斯土，為子孫萬年之業者，其功偉矣」。

台灣通史中，對台灣文化源於中華，說明甚詳；對宗教之源曰：「佛教之來，已數百年，其宗派多傳之福建，黃蘗之徒，實授衣缽，而齋堂多本禪宗，齋堂者，白衣之派也；維摩居士能證上乘，故台灣之齋堂頗盛……夫佛教以慈悲為本，宏忍為宗，普救眾生，誕登彼岸，故佛者覺也，能自覺而覺人者也，六塵不染，五蘊皆空，法界圓融，人天永受，此其所以超絕群倫……生有過去、現在、未來，是三者不能有因而無果，因果之說，佛言之矣……」。

連橫對佛教之旨諦，講解甚明，他說台灣宗派多傳之福建·黃蘗（其首席弟子臨濟義玄承創**臨濟宗**）之徒（參見禪宗法脈圖如附表——第187頁），觀今台灣之諸創山法師，多為**臨濟宗**傳人，如佛光山·星雲法師、法鼓山·聖嚴法師、中台禪寺·惟覺法師等皆然，都如是傳之於福建·黃蘗者也；所云：「齋堂（食堂、僧堂）**多本禪宗**，齋堂者，白衣（俗人）之派也」，台灣之民間信仰，多沿此習俗、儀規，一觀今之宮廟性、相、體、力得證也。

其云齋堂多本禪宗，即言台灣初期佛教之形式，乃本之於齋堂，而齋堂衍生之宮廟，其習俗、儀規，乃習於禪宗也，但禪宗之禪學精諦，並未於傳；早期智者大師特重修禪，其於釋禪般蘿蜜講述甚詳，但此述乃說明修行之方法，其後禪宗六祖慧能乃大闡發禪旨也；連橫說台灣佛教多傳之於黃蘗之徒，而今之諸山長老，多興揚淨土宗，此關法門修習，不此贅述。

連橫更較曾國藩闡佛精到，涵攝更深，譬其中有述維摩居士**能證上乘**」（見維摩詰所說經．鳩摩羅什譯——大正藏第十四冊），一契前述智者大師論述法華之精義（見維摩經玄疏——大正藏第三十八冊），亦可參見本文第31頁略述之「從無住本立一切法」——「依**法性**立一切法」亦可「從**無明**立一切法」概義；而今卻有議其為外，此議乃捨本求末者言；連橫至悟**人生之使命**，知行彌篤，鑑之今日，尚無有匹。

面對世事雜染，佛教徒至少**須有**「**總、別**」**領悟**也，請再共溫：

華嚴宗六相圓融諦理——

總相：一含多德故；

別相：多德非一，「別」依止「總」，滿彼總故；

同相：多義不相違，同成一義故；

異相：多義相望，各各異故；

成相：由此諸義緣起成故；

壞相：諸義各住自法，不移動故。

此中最要者，乃「壞相」之解悟，俗話說「**各搞各的**」，這就是壞相；何謂搞獨？壞相之由也，蓋其以圖各異，離於互攝，不契圓滿也，孟子說：「知命者，不立乎巖牆之下，盡其道而死者，正命也，桎梏死者，非正命也。」，巖牆之下，即壞相之徵，故知命者有知，而桎梏者不知也；故知正命很重要，知命就是首知「壞相」之避，何故搞獨耶？

佛教過去兩千年，接種**生根震旦**，旋踵**茁壯中土**，不論漢、唐……且觀今世中華，濡深而然，更多旁攝、揚發，而成就「**華藏世界**」（註三十）；藏者，涵攝義，出生義，具德義，以**中華**言，不論東藏、西藏、南藏、北藏，具是一藏，東藏譬台灣，西藏譬喇嘛，南藏譬香港，北藏譬維吾爾，何云「具是一藏」？史實有證：晉、南北朝時代，雄踞華北之匈奴、鮮卑、羯、氐、羌族，而今安在？此者**民族文化**同化、**佛教濡深**教化之然，而最偉大譯師鳩摩羅什即在此時、地發揚功業者。

反例歐洲於西元四－七世紀，所謂蠻族入侵之匈族、日耳曼族、斯拉夫族等，今卻各自獨立，同化無由；整個歐洲面積約等同中國，中國之人口總數更多於歐洲，而今歐洲約有五十個國家分立，中國則整是一國，具是一藏，今主獨立者，似應須有此識－中華文化涵攝之諦；前文有述－性具圓教，**性具為本體**，釋迦本師喻為「**華藏世界**」也，我們溯於前文，「**法華世界**」即是「**華藏世界**」，亦是「**佛化世界**」亦是「淨土世界」－「**宇宙全體等於其自身**」是焉，學佛者若悟此諦，即功德究竟矣。

是故，佛教不排斥任何宗教，前云其他宗教，或乃「**不究竟**」而已，非有諦之非也，如有基督徒、回教徒，我們皆至歡迎他成為佛教徒，蓋彼此相容、相攝，不相隔、不相斥也；據知基督教、回教有異他教，亦不以諍，蓋大公悉涵一切也，人之為「人」，已甚卑下（見第20頁十法界），已為一切所容，凡人更應容融一切也；我有一友，篤信基督教，贈彼佛教經書，不敢接受，彼曰：「信奉基督，若不忠變節，將會受懲」；何等怪異，其教既云「神（基督）愛世人」，則神必大慈大悲者；慈者，與樂也；悲者，除苦也，又何反之而與人苦、除人樂？何忿？何懲焉？若然，則「神愛世人」即是「**丐詞**」（邏輯用詞——預期理由），馮友蘭教授說：「聖經·創世紀篇，自以為其所說為字字皆真，此其所以成為神話與迷信也」（註三十一），可知基督教之所據，乃非實者，係由神話所堆砌而成聖經者也；或云信仰者迂、迷，蓋「般若」之乏也，充實則善也。我們誠告，**宗教可兼信**，不相排斥，無變節之虞，須知耶穌、穆罕默德等大宗教家，乃具宏偉胸懷、器識、大慈、大悲者，莫以俗人情識等觀，即前云：任何宗教皆行善棄惡者，皆程續於佛道者，皆以假名，**力行佛道者也**，（見第十一頁）；於此亦籲佛教各宗，更應相諧、相攝，蓋佛意如是也。

上舉曾國藩、連橫具「般若」智，乃臻至功、至德者，猶受異評，況凡夫哉；子貢問孔子：「今之從政者何如？孔子答曰：『斗筲之人，何足算也』」；子夏問政，子曰：「欲速，則不達；見小利，則大事不成」，此等哲語，驗證佛陀所云眾生根器有囿之情境也，如此，何以和合世間耶？

茲以歷史故事例理：

孔子家語：楚王遺失寶弓，侍者急尋，楚王曰：「止！楚人失弓，楚人得之，又何求焉？」；此闡「**大**」也；孔子聞之曰：「人失弓，人得之」；此闡「**公**」也；佛諦則如是──「失之，得之」；此闡「**大公**」也。

請再共讀，可悟其諦：

楚人失弓，楚人得之；

人失弓，人得之；

失之，得之。

何云失也？可於他例而悟：

塞翁「失」馬，安知非「福」？以觀達賴喇嘛前云之意旨：

「失」獨，安知非「福」？

「得」獨，安知非「禍」？

復以物理現象啟示：

茲取各色油漆相配以觀，若等量混合「黑色」及「黃色」，則成「綠色」，相溶為一也，黑色越重，則為深綠，黑色少則顯淺綠，綠本非綠也；若觀他色亦然，藍非藍也，紅非紅也，執著為何？請觀太陽光，是七色合一，何等融合！若非於彩虹中有見各色，又何見分七色？人眼辨識光線「波長」而異也，**陽光不偏任何一色，故現無色，**顯為無私，無私則公，公則平，平則和，和平為道，大道之行也。色如是，聲亦如是，美妙交響樂若是也，演奏中，若突現一樂器於中獨奏，更顯音妙，蓋其諧也，不乖音調節奏高低也；他如香、味、觸、法皆然也。

如上**歷史故事例理**、**物理現象啟示**，隨觀世間所現政黨，益知其由焉，若國民黨、民進黨、親民黨、共產黨……**黨者**，部分人所組之團體也，故以**尚**、**黑**二字合而**會意**之，代表部分人意見者也，故非大、非公，其爭取執政，乃以爭取尚黑為基也；以形容詞作名詞者，如國民黨、親民黨……是，以動詞作名詞者，如民進黨、共產黨……是也，若各黨皆悟於總相、同相、成相，則大道之行，**天下為公**，而為大同；若各黨有偏於別相、異相，則必致壞相，蓋**天下為家**，各親其親、各子其子，貨力為己，謀用是作，而兵由此起；此等論述一見儒家於禮記．禮運大同篇，述之綦詳也。

達賴喇嘛說：**習近平主席指出「佛教是中華文化不可分割的一部分」**，此習主席知「大」，知「公」，知「大公」，知「大同」也，蓋領悟**中華文化真諦**而然也，唐書裴行儉傳有云：「士之致遠，先器識，後文藝」，習主席即為器識宏偉者，器識乃器局與識見，前述子曰「**成大事**」者即指此諦也；又前引述日本．大谷大學前校長野上俊靜博士所云：「對佛教不夠理解，便無法談論亞洲文化」，亦有證接種佛教，**生根震旦**，旋踵**茁壯中土**之締深，對佛教不夠理解，當然無知**中華文化**，蓋二者已融而為一，根深蒂固。

返觀印度，佛陀雖「**化生**」其地，但因、緣不契，佛教文化，迥異印度雜多文化，文化以諦而論，不以地而論也；我們有讀印度史者，皆知印度雖為文明古國，但其非單一民族及文化的國家，體系錯綜，地大人多，卻支離無本，但其中印度斯坦族佔印度人口之一半，印度各民族各擁有自己的語言，而且法院裁定印度沒有國語，英語在印度非常流行，但受限於教育水準，普通民眾普遍不懂英語，尤其印度是多宗教的國家，世界四大宗教的佛教和印度教，都源於印度，印度人大部份信仰印度教，回教是其第二大教（約佔總人口之15%），基督教約佔2.3%，佛教只佔總人口的0.8%，但佛教的傳播，對印度周邊國家，影響甚大，達賴喇嘛流亡印度後，仍有許多朝聖者前往；印度經濟進步雖速，但今仍有四分之一人口無法溫飽，印度無中心思想，不像中國有根深蒂固之儒、釋、道思想文化，為全民血脈，印度種族不平等，更不契佛教旨諦，故佛教以理、事文化相契之中國為世界之大本營，中國歷史上，雖有諸多分裂史實，但終自然和合，所謂習主席有高觀思維，即指其**悟此文化之真諦**，冀以**不壞假名，以文化『總』『成』民族、地緣等各異之融合也。**

連橫悟**人生之使命**，其旨乃啟示後人，既生世間，必盡人生之職也，非唯消極除業而已；法國哲學家伏爾泰說：「登達山頂，除了下山，還能有什麼作為？」，此道盡人生事業之有限，然須知：天上有天，山外有山，「**山山為出**」，出者，出離世間，而登「出世間」也，出世間即入「四聖界」，吾等勉之乎！

諦此，特以現代最權威的歷史學家英國‧湯恩比博士（1889–1975）睿智之言，一證上述「**華藏世界**」**至理**，湯恩比與日本宗教家池田大作（1928–）對談說：「**唯有中國的『儒家思想』與『大乘佛法』能拯救二十一世紀的人類社會**（註五十），這是非常精到實際的至理哲言，缺乏高深智慧與智識者，無以見是，無以解是，無以悟是；現在就是二十一世紀，上云習近平主席指出「**佛教是中華文化不可分割的一部分**」，**即是提要說明**湯恩比之言，所謂「**不可分割**」**即是**「**相融為一**」**義**，「大乘佛法」乃上乘而簡云、代表佛教義理者，「儒家思想」係代言「**中華文化**」**之詞，外國人能見到東方文化之精髓，能**有如是至理見解，我們中華民族人民，仍深墜統獨之爭論，不汗顏乎？湯恩比博士所說真理，乃據其史學上之智觀，其史學成就，乃為全世公認者，心心繫念二十一世紀的世界問題，更籲世人醒悟此者——能拯救二十一世紀的人類社會，唯有「儒家思想」與「大乘佛法」，而習主席已悟此而指出：此二者即是「中華文化」內涵。

茲以唐君毅教授之摯言，以明佛、儒、基督之感通——由次第工夫相續行，可破積習而圓通；孟子說：「可欲之謂善」，反之則不善也；「有諸己之謂信」，信即誠也；「充實之謂美」，己行，感發他人亦如是行也；「充實而有光輝之謂大」，化除人、我生命之隔閡也；「大而化之之謂聖」，此心契於人、我共同之形上實在也；如此則有能通之明，變化無方，即謂「聖而不可知之之謂神」，此神聖之境也；儒家示教恆向「善」而行，即為「直」也，不善而悔之、改之，謂之「知恥」，以此而通人之情，謂之「仁」，以成其仁者謂之「義」，以下承上謂之「禮」，居上知下謂之「智」，智之極，為「高明」，而崇效「天」也；佛家言「六波羅蜜」——「布施」近乎仁，「持戒」近乎知恥，「忍辱」近乎禮，「精進」近乎直，「禪定」近乎義，「般若」近乎智；至若基督之「信心」直往近乎直，「悔罪」近乎知恥，「博愛」近乎仁，「祈禱」本乎禮，然**基督道未具儒道之「高明」，亦闕如佛道之「般若」**（註四十五）。

倫理學家黃建中教授，以**太和宇宙觀、中和人生觀**之諦理，而發為**「突創和協」**之摯論——**由善惡之相對之價值，求至善之絕對價值，**由人倫推及物倫，由國際推及物際，由身心、社會、國家民族、世界人類，推及宇宙萬物；認為**「爭」與「助」相反、相成、相續、相代，以歸於和協，「助」漸易「爭」，「同」復容「異」，致人生之中和，達宇宙之太和，臻至善境界之摯言**（註四十六），**甚能闡釋人生真諦及存在意義，詮解人生入聖之需然。**

論語子夏問政，子曰：「欲速，則不達；見小利，則大事不成，」云何為大事？不致壞相者為大事也，今夕何夕？今地何地？時、空之體認，乃第一先決——務總攝體認於中華文化，審視自己具何條件，行何政務也，甫見報導，可見如是也：

一則，美國在台協會．台北辦事處前處長包道格，來台演講說（2018.12.15）：「台灣領導人對中．美衝突，應持低調態度，要有婉拒美國要求對抗北京的能力和意願……美政府支持民進黨並不明智」，我們首次有見包道格迴異於其一貫主張，此正說明中華文化涵攝力令其有悟也。

二則，台北市長柯文哲・在兩岸論壇中說（2018.12.20）：「兩岸一家親……兩岸人民同種同文，擁有共同歷史文化」，這只是事實的陳述，並非新主張、新見解，蓋見事實有被扭曲，有冀一匡之玉振金聲。

此即先充足應具條件，再促成目標之理諦說明，所謂充足條件，即如世親菩薩於六門經之所闡：「**自斷資糧障**、**他斷資糧障**、**集一切資糧**」，簡云：「自斷障、他斷障、集資糧」，集資糧就是自我充足條件、進而緣造功德之同義語，抑前智者大師所闡：「一念三千」之諦，時繫一念，地繫一念，時者，「**莫欲速**」，地者「**莫自封**」——台灣就是全世界，全世界相繫台灣也，如此總攝，始可竟功於上乘，始可融合於世間，成相恃因、緣而然，此諦咸契上列聖哲——曾國藩、連橫、野上俊靜、湯恩比、習近平、達賴等之所言也。

第六章　佛法之修行

——於工夫中印證本體，在本體中領導工夫，精進即本體

人，生而不平等——有生而盲聾者、有生而健壯者、有生而貧賤者、有生而富貴者、有生而醜陋者、有生而美艷者、有生而斷肢殘障者、有生而重病者、有生而即逝者……有人辯曰：「人權平等」、「法律地位平等」……此論皆是形式者也，實質上實無平等可言，人一出生就如此，他犯了什麼罪？他又造了什麼功？尤其，一出生就承受，如此慘痛的遭遇，如此悲苦的逼迫，無辜加諸其身，佛陀告訴我們：「這是果」，不是因；了解這些殘酷的事實後，令人不寒而慄——這是「前生所造的惡」，這些人一出生，就是來受罪的，因為這是自受前造惡愆……基督教云有「**原罪**」（夏娃偷吃禁果，而致一切人得永罪），

卻不視「**原福**」，怪哉！**佛教**旨示此等因：「業」之所然也，業有善、惡、無記（不善不惡）三種，豈只於原罪（惡業），一人（夏娃）造惡，全世、全體人類皆須永久承禍，此何理焉？蓋業乃指自作自受者，何牽連於他？佛教云：業有前世之所造，有今世之所造，今世者，易明；前世者，雖難具體得知，但有籠統印象——「今生受者是」；若再體會，人從生至終，即有「八苦」——生、老、病、死、愛別離、怨憎會、求不得、五盛陰等苦（註三十二）隨侍於他，**人生多蹇**，務有覺於是，佛教有偈——欲知前世因，現在受者是，欲知未來果，現在作者是；現在談「**佛法之修行**」，不特冀求阿僧祇劫後能成佛，乃首務於當下熾苦之消除或改善，此等有為於「如何消除業障」，也須與「如何得福」一併探求也。

第一節　修行於漸——龍王女頓修成佛之義諦

佛法之修行正如佛教之多宗，各擅其要，無一定然者，譬密宗三密加持，以口密（持咒）為主，身密（手印）、意密（觀想）相輔；譬淨土以恆念佛號為要旨……均適所宜者，今談修行，非囿於一法，正如前文所云，各適「工具」之有擇也；今文主旨在簡介法華經，當舉要為說，況其修行並不複雜；六祖壇經機緣品中，述有一僧名法達，念法華經三千部，此乃修行之一方，亦正宗者也，然六祖惠能指責法達以此而有「慢心」，不以為勝，不以為達……依常情言，念法華經全經（約六萬八千字）達三千部，以一日一部言，亦已十年也，如此專、誠之修，何未有戒？何未有忍？惜哉。

前云：智者大師從法華經分別功德品中「聞是經而不毀呰，起隨喜心」進至受持讀誦、為他人說、供養經卷、況復兼行布施、持戒、忍辱、精進、一心、智慧，兼行六度，正行六度，由此五步驟而開為五品位——初品位隨喜，一示深心信解，二品位受持讀誦，三品位為他人說，四品位兼行六度，五品位正行六度，智者大師乃依法華經而論，故為圓教五品位；以上法華經之修行略述，智者大師闡法華經有**法力**、**修行力**，所云法力者，一**證**、二**信**、三**供養**、四**聞法**、五**讀誦持說**，此等皆修行所必者也，談修行需特重視此五種法力，蓋此五者，乃修佛之基礎與前提，故云須兼其修行。

本經共二十八品，其中得知全經**當機者**乃藥王菩薩，而智者大師乃藥王菩薩再來（見第76頁「位居五品論」所述—註十六），當機之藥王菩薩，在全經中角色最重（見法師品第十、勸持品第十三、藥王菩薩本事品第二十三、陀羅尼品第二十六、妙莊嚴王本事品第二十七），這是非常微妙的關聯，此處權免討論，讀者自作感通可也。今者，所述法門修行，非專某經，一以**讀誦解義，如說修行而**「**通修**」。

文內引述牟宗三教授所著書籍甚多，牟教授乃哲學大師，其所著述皆為經典之作，相關佛教者，亦獨樹一幟，猶若「**獨覺**」者，相關佛教之著作如：佛性與般若、康德純粹理性批判譯註等十幾部（註三十三），他對佛學之闡論，現代尚無人能出其右，他常說他非佛教徒，不涉宗派之論，果然，一觀其論非常客觀、非常精闢、尤擅者乃「融會貫通」，直可讚為佛陀代言者，筆者特推崇牟教授之著作，乃其最能助益學佛者也，有鞭辟入裏之論，有融通佛理之功，但牟教授一再強調，「**佛教非『本體論』之生起論**」，筆者對此有異其論，筆者信解佛旨，斷述**佛陀即『本體論』之生起**（見前述宇宙全體等於其自身一章），非其他任何理論的生起可述，理由乃有攝於「**神通**」範疇，非科學、非哲學、更非其他一切之學術，所可闡明者，例法華經如來壽量品中，世尊即明言如來有「秘密神通之力」，又強調說：「我時語眾生，常在此不滅，以方便力故，現有滅不滅……神通力如是，於阿僧祇劫，常在靈鷲山，及餘諸住處」，其他宗教，罕有如此斷言者，我們如懷疑佛言，即不必有任何宗教信仰，因為這不是純粹理性範疇，無法以科學方式論釋。一般所云「感通」者，亦非恃於理論，如後漢書．章帝紀有「感通於神明」之言，視之為民間通識可也；前文一再重述──**法華經之「正式內容」就是如來壽量品**，本品所述有關神通之事，即是佛諦，**佛壽無量阿僧祇劫即是佛諦**，此諦，非恃理論建立，非恃經驗法則可然者；茲因我們條件未備，不言學神通，但必須知道宗教必有神通於其內涵中，此神通非得知於「識知」，乃靠「智知」得其然者，尤賴「**智的直覺**」；否認神通，即是「無神論」之旨也，我們不有諍於無神論，但無法肯定其主張。

世尊於仁王護國經中說：**「吾今所化大千世界，百億須彌、百億日月，一一須彌有四天下」，又云：「十方法界一切如來，皆依『此門』而得成佛，若言越此得成佛者，是魔所說，非是佛說」**（註三十四），這是最上成佛之諦，吾等現居凡界，此等成佛事，令人感覺為高蹈事，權且闕如之，以應現實方便也；又般若經中釋尊一再強調、重複對須菩提說「不壞假名而說諸法實相」，這已說明，一切名相皆是假的，包括全世界宗教所宗上帝之名。佛子怎可一再「執名」論說，譬前文引述某法師說「釋迦牟尼佛是念阿彌陀佛聖號而成佛的」，如此顛倒聖諦，既無據又非智慧之言，不是引導眾生入於五里霧中嗎？

又前述佛教之宗教旨諦，乃宗教非依經驗法則可致者，意即宗教非科學產物，非經驗產物，尤涉「智的直覺」，涉「實踐理性」，況宗教特重「神通」；有云宗教信仰是迷信，若然，則全世界無宗教可資信仰，蓋宗教無理性、規則可制約，然卻有人依其漫論，說長道短，極為不宜。

茲特述法華經較震撼的事例——龍王女頓修成佛事實，以證雖頓抑漸義諦：

文殊師利菩薩言：「有娑竭羅龍王女，年始八歲，智慧利根，善知眾生諸根行業，諸佛所說甚深秘藏悉能受持……於剎那頃，發菩提心，得不退轉」；智積菩薩言：「不信此女於須臾頃，便成正覺」，言論未訖，時龍王女忽現於前，時舍利弗語龍女言：「汝謂不久得無上道，是事難信」……當時眾會，皆見龍女，忽然之間，變成男子，具菩薩行，即往南方，無垢世界坐寶蓮花，成等正覺。

此有證**精進即本體**也，蓋龍女身於前，已**深修不輟**致；前引通俗哲言：「登達山頂，除了下山，還能有什麼作為？」山頂者，山山也，山山為出，出者，非出離，**而乃「入聖」**也；成佛**必經修途**而臻，或頓、或漸——出世間、或內秘菩薩行，外現是聲聞（註三十五）、或菩薩五十二位修行，咸是也，故所見之龍女乃當爾相、性、體、力、作、因、緣、果、報、本末究竟等之有現，此即「十如是」（註三十六）也，**如是相為本**，**如是報為末**，此即稱**究竟**也；前述不壞假名而說諸法實相，此云之「**諸法實相**」即「**十如是**」，**前九如為諸法，皆事也，第十如為實相，云理也**；龍女修行乃事之然，致理而頓也。文殊師利菩薩有知，智積菩薩、舍利弗有疑，蓋未知理也，然皆攝於「十如是」中。

第二節　佛教是覺信——信實、信德、信能

試觀國內、外所有宗教，何者不以「信」立教？以佛教言，華嚴經云：「信為道源功德母，長養一切諸善根」，俗云有「迷信」者，佛教則相對言為「**覺信**」；「菩薩」二字即「菩提薩埵」翻譯之略字，意為「覺有情」，亦即「覺悟的人」，覺悟什麼？這才是重點，金剛經說：「一切賢聖，皆以**無為法**而有差別」，菩薩就是有覺於此者，不是有迷於此，覺「無為法」非因緣所生法也，相對者「有為法」——因緣所生法，本文已述之綦詳；於此，特強調「信」之要鍵，藥師經中，特言此信乃「淨信」，太虛大師釋之為「**轉依之基礎**」，「**正行**

之要鍵」；太虛大師又闡淨信含三要件：

一者信「實」——信有諸法真實事理；

二者信「德」——信有三寶真淨功德；

三者信「能」——信自己有修行、斷惑、證果之本能；

此皆一闡「信為道源功德母」者，藥師經特言：若能如是受持，四大天王，與其眷屬，皆來守護你。

為免於籠統，便於佛弟子之方便有行，以華嚴所述名相釋之，所有修行法門「總相」也，各宗各云法門，「別相」也；今唯述總相（或云通相），以別別相，特舉**「佛法之修行」**範例，此中最須體認者，乃修行重在「內容」（註三十七），不在形式，內容以修行者之根性、迫切性決定之，具體言之，若只求「加被」，或只冀除滅病魔、業障等，以此專方，應可如願，若更求進升品位，譬入住、行、地，或非今生所能，免於此陳，蓋闕如也；若如藥師經所云：「……念彼如來本願功德，讀誦此經，思惟其義，演說開示，隨所樂求，一切皆遂：求長壽得長壽、求富饒得富饒、求官位得官位、求男女得男女……」，又如觀世音菩薩普門品有云：「若有眾生，恭敬禮拜觀世音菩薩，**福不唐捐**，是故眾生皆應受持觀世音菩薩名號……」，佛言不誣，如何遵行其方，有踐其旨，乃至要者也，易言之，此云「隨所樂求，一切皆遂」，是有「先決條件」的，「有求」決定於「有成」，意即先要完成其規定，非無為於有俟的，先要完成什麼？念佛、修佛、讀經也，於此再瑣言強調：藥師經最後一句話——「此法門亦名**拔除一切業障**」之旨意，而體悟**本師釋迦牟尼佛**諄諄告於眾生：必先消業之摯言，您有病障、業障嗎？請時念**藥師佛**聖號，日讀**藥師經**。

第三節　學佛、修佛「必知」、「必遵」事宜

綜貫文旨，重複強調—學佛、修佛「必知」、「必遵」事宜，特以條列明晰，以助佛道之精進。

※必知者：

一、必信法華經如來壽量品中，佛說「佛壽無量阿僧祇劫，**常住不滅**」之真諦。

二、必解佛教乃本體論之生起——「**能生**」之理諦。

三、佛性乃佛果之因地，眾生皆具，**皆可成佛**。

四、「一念三千」之旨趣——一念之心，即具三千諸法也（見三十一頁）。

五「**性具**」，乃本覺之性，總具十法界之善、惡諸法。

六、**法華經旨述佛意**，其他一切經是各述如何成就佛意，依此產生各法門而修者。

七、法華經旨於**發迹顯本**、**開權顯實**，以呈佛意。

八、般若經是共法，共一切經，與法華經同是**無諍法**。

九、宗教最契道德，依無條件（自由意志）之命令而行。

※必遵者：**以戒為師**，根本於戒殺、戒盜、戒淫、戒妄語、戒飲酒之五大戒。

第四節 誦持名號，由名召德，即能攝取佛果功德

茲依據大藏經（含顯密、史傳、諸宗、論疏……），料簡、歸納並參驗修行心得，綜摘述「修行之法」如後，佛弟子可資參行，俾**命**、**理依即**，**功**、**行益彰**；特此共勉——欲得佛、菩薩等聖賢之加被，必以**持戒**為前提，否則徒然；今言修行，唯述「如何」，不述「為何」，蓋前文已闡故。

本師釋迦牟尼佛在許多佛經中，都大為倡導「念佛、念菩薩聖號」，譬如藥師經、阿彌陀經、法華經觀世音菩薩普門品、地藏經等……皆然，此即佛諦，但世尊從未說一句，要念釋迦牟尼佛聖號，**本師**謙德，縱為下根人，亦可體悟念**本師釋迦牟尼佛**聖號之至德，亦可感應恆念**本師釋迦牟尼佛**聖號之至要也，所言感應，即荊溪湛然大師言：「眾生由理具三千，故能感；諸佛由三千理滿，故能應」之所然，此如鏡

可現像，乃因鏡具現像之理而然，即大師言：「並由理具，方有事用」之說明；茲略舉實例三事共參之：

◎解脫病厄之感應——民國九十年春，筆者罹坐骨神經痛，步行十公尺左右，必須一歇，困苦至極，台大醫院．張主治醫師，認為繼以藥物及復健治療，難見其效，遂計劃開刀……時正值佛光山迎「佛指舍利」來台，其第一站為台大體育館，路線經新生南路到辛亥路交會處，轉進台大體育館，當天正值休假日，我對女兒訴說心意：「甚想恭迎，但無法步行」；無奈，只得於聖相前靜修功課……小女有感而言：「何不坐計程車前往」，遂由其陪同搭車前往到辛亥路交會處，下車後便蹲坐地上，不久，「佛指舍利」車隊浩蕩而來，我即叩拜，一俟車隊進入體育館始起身，正準備搭車回家時，豁覺身體舒暢，坐骨不痛，試步行之，一如月前正常時況，乃與女兒同進體育館，愉覲「佛指舍利」安奉聖禮，我們隨即跟上四樓，令人驚奇！閱月不遂步一階梯，今者何能辦到？迄今十餘年，體復如昔也。

◎解脫財損之感應——約十年前，我住台北市羅斯福路與辛亥路交叉口附近，那天一早因急事提早到停車場開車，車子卻不在車位，尋覓良久亦無其蹤，乃回家擬事，一無頭緒……遂作佛事功課，此時佛示**須向警察局報案**，我本無意如此，但思佛意，或許車被盜，可能惹出刑案，即起身往最近之派出所——思源派出所，當步行至汀州路三段「**聖靈寺**」斜對面（往前約三十公尺處），遇一青年坐在人行道上，起身向我乞錢，彼云需一百元買早餐，我見其身壯，非是傷殘，未予理會，續往前行，忽醒：他人有難何不助之？遂回頭走來，掏錢予之，隨思：派出所方向，乃在行進中汀州路之右方，何不行走右方人行道？腳正跨下人行道（年輕人乞錢處）經過路邊停車格，即見己車正停於此。

◎解脫急難之感應——有日於修佛功課中，佛一再指示：「把置於屋角不用之電視機搬走」，我乃暫停功課，請兒移之，兒視周遭，唯樓梯口轉角處可置，乃移機至門口處，兒曰須我一助，蓋該處有些物品佔位須先搬空，我即作處理，見物箱上置有一傘，我隨手拿走，忽從傘中掉下一個皮夾，我打開皮夾，見有現金一疊約兩萬元，又見現金卡、健保卡……才知皮夾乃大兒所有，尤者，其中有四張支票，即期支付者兩張，即期可兌者兩張，數額甚大……後得知家人為此急甚，兩天來分至銀行等相關單位，作合法止付等相關手續之辦理，以應危急，此情家人均未告知我也，我卻悠哉於搬移電視。

窺基大師曰：「戒、定、慧，正為學體，進趣修習，名為『有學』，進趣圓滿，止息修習，名為『無學』」（法華玄贊），此乃指小乘四果中之前三者，我等距之「有學」尚遙，未得神通，故在修行中，一般而言，佛皆未明示成辦目的，唯以意識感應，以此感通而令決定行動，行為中，自有「惑」、「業」、「苦」，隨行而化——譬示派出所，令生得免刑累之意識而前往，隨因之解脫有纏；示搬電視，令意念有必調整置物空間而行為，並因之使困成化，妙哉！功效自顯於感應所為中。

第五節　悟本體、不忘本、要報恩

故凡佛子應—

◎**悟本體**（前註※「必知」者）

◎**不忘本**（宇宙之本體—釋迦牟尼佛）

◎**要報恩**（歸依、敬供、念佛、讀經、持說、修行）。

下列「**佛法之修行**」，即是前云「隨所樂求，一切皆遂之『先決條件』—修佛先要完成之事」的具體列述，此者一恃「信」、「誠」、「恆」、「專」之**法力修行力**，而致功德圓滿者；佛教是講求修行的，前述由五步驟而開為五品位，這些全是實踐工夫，而所列修行內容，皆於融會佛經而成者。

茲以聖賢之言，一明旨趣：

孟子說：「苟得其（仁義之心）養，無物不長，苟失其養，無物不消，孔子曰『**操則存，舍則亡，出入無時，莫知其鄉**』」，由見操存之道，抑實踐工夫也。

宋朝史學家司馬光，成就偉大之編年體史書資治通鑑而結言：「才德全盡謂之聖人，才德兼亡謂之愚人，德勝才謂之君子，才勝德謂之小人」，史實如是，智人史鑑史評如是，德乃為人之所以為人之要件也，德者約言仁也，操存具見於史，抑前述**有德必有福**（三十四頁）之因果至諦。

西方論道德，在康德之前皆是「**他律**」，至康德始主「**自律**」，康德在實踐理性批判（牟宗三譯）中說：「一切預設欲望機能底一個對象，以為意志底決定之根據的實踐原則，皆是經驗的；而且它們亦不能供給實踐法則」又說：「一切材質的實踐原則，即如其為材質而觀之，皆是同類者，而且他們皆處在自私或私人幸福之一般原則之下」；康德於此釋云：「一切材質的實踐規律，皆把意志底決定原則，置於較低級的欲望機能中，而如果真沒有意志之純粹底形式的法則，適合於去決定意志，則我們絕不能承認有任何較高級的欲望機能」；康德的意思是說，好、惡上的實踐原則皆是**經驗**的，皆不能供給實踐法則，好生、惡死即是較低級的欲望機能，「**好善、惡惡**」即是較高級的欲望機能，這較高級的欲望機能上的法則，即是**純形式的法則**，即是**道德法則**，不從**對象**上來建立，**純以義理來建立**。

其實，康德所說全已盡皆於孟子前述旨意中，孟子指出好善、惡惡之機能，即是**仁義之心**的機能，孟子發於**實慧**，康德出於**思辨**也，亦即孟子從心說，康德從意志說；然此等皆「肯然修行（實踐）」者也。此中特需強調者，即孟子引孔子言「**操則存，舍則亡**」之旨趣，其意乃是：「有做（操），才能有成；不做（舍），不能有成；修行即驗，否則枉然」。

牟教授於大作圓善論中指出：「『基督教有宗無教』，**一切皆聽上帝的安排**，依西方基督教傳統而言，『神聖乃永不能至者』，只可無限的向之而趨，只有神話式的講『**原罪**』，而無真切的罪惡意識，一切都交給上帝決定，這成了『命定主義』，命定主義是『理性無用』者，只靠空頭的信仰，來維持其激情利欲之生命，其所以不至使社會混亂崩潰者，乃在客觀的社會制度（法治、民主）之制衡與疏通，以及科學技術之不斷精進，而解決問題；西方文化之精彩，就在此處，然者此者亦轉成『科學萬能』之迷信，濡至『理智主義』者之愚妄」。識之於此，難免產生疑惑之情——基督教說人是上帝所造，為何要造如多惡人？上帝既有能力造人，應更有能力擇善去惡也。

基督教「有宗無教」，佛教乃**「宗、教相契」**者，此驗證佛教以**實踐印證本體，亦即儒家相契至理：**

儒家於易經喻：「天行健，君子以自強不息」——自強即本體也；亦即儒家於中庸喻：「力行近乎仁」——力行即本體也；亦即**儒家於孟子喻：「仁義之心，操則存，舍則亡」是。**

以上所陳，因繫於多元共釋，故顯瑣雜，今一言以蔽之：

宇宙本體名為法身，法身假名為釋迦牟尼。

釋迦為姓，義譯為能，牟尼為名，義譯為仁，釋迦牟尼佛即能仁者也，而中國儒家亦主仁者，一切一繫仁心操存而顯，又觀基督、回教之教義為**愛**——神（安拉）愛世人，為其口訣，此佛教云為**慈悲**者——慈者，予樂也，得善也；悲者，除苦也，去惡也，他教所言之**愛**，涵攝於慈悲，旨諦於好善、惡惡也，此乃天台宗所主「性具」之諦也；儒家之言操存者，自強也，工夫也，實踐也，力行也，修行也，其諦操於擇善、去惡，並於眾生之「因地」精進也；儒、釋如一，他教亦不異。劉勰文心雕龍言：「凡操千曲而後曉聲，觀千劍而後識器，故圓照之象，務先博觀」，所闡入諦於工夫而然，圓照至明也。

釋迦為姓，義譯為能，牟尼為名，義譯為仁，釋迦牟尼佛即能仁者也，而中國儒家亦主仁者，一切一繫仁心操存而顯；操者，自強也，工夫也，實踐也，力行也，修行也，其諦操於好善、惡惡，擇善、去惡，並於眾生之「因地」精進也；儒、釋如一，其諦甚明。劉勰文心雕龍言：「凡操千曲而後曉聲，觀千劍而後識器，故圓照之象，務先博觀」，所闡入諦於工夫而然，圓照至明也。

玄奘大師修佛有道，其臨終時，特囑必重於消業、修行最要之三部經：一者藥師經，二者金剛經，三者六門陀羅尼經，並命嘉尚法師抄寫供養悲、敬二田各萬餘人（註三十八），可見這三部經之重要，前文已略述，特加述其旨俾得其要：

◎**藥師經**（全名為藥師琉璃光王如來本願功德經，計5380字）**旨趣**人生多蹇，眾生多苦，須先消除病障、業障也，故**本師**於闡述經中之王——法華經，旨述**宇宙真相**「**是何**」、「**為何**」之餘，亦於他經圓滿述說「如何」之法數，世尊於餘經中，皆述「如何」而為經旨，且各經不同，蓋眾生根性、所需、所求非一，當各取其宜也，故此等均首**標的**於「消業」，俾得**有進佛法**——「最終成佛」，故各經、各宗皆各力主亦各異之「消業」法門，此中特重藥師經者，正如本經最後一句話云**拔除一切業障**，即可知本經旨諦，佛子務悟於是；筆者亦於此，特強調：藥師經最後阿難問世尊當何名此「法門」？世尊說：此法門亦名**拔除一切業障**，我們研讀佛經者皆知，一般有此問者，皆問：「**當何名此經**？」，不問「當何名此法門」，「法門」者，其意有異於「經」也，此旨趣尚賴佛子有以悟之，亦即須依經所說內容修行之，即可拔除業障也，法門者，法數也，抑法術也。

太虛大師於民國二十年頃，提倡**人間淨土**，他說：「依藥師經而作延生法事，雖尚流行於中國，然能講解修行者，則如鳳毛麟角，就吾數十年足跡之所至處，皆未遇見講習此經者」；又說：「釋迦世尊，將**濟生**之事，付與東方之藥師；**度死**之事，付與西方之彌陀」，又說「此尤合於現代人類生活**相資相養**之關係」（民國二十三年・甯波・阿育王寺講）；今者，特簡述藥師經「法門」之旨諦，**用明佛意**也。

◎心經（全經 268 字）旨趣

心經全名為般若波羅密多心經，前述「五時八教」中列為第四時——般若時所說，世尊在世所說之經，以般若部最多，說此經時間共二十二年，乃五時中最長者。考其經諦，乃闡「空性」，抑「因緣所生」義；釋此經最詳、最諦者，乃龍樹菩薩，其大作大智度論、中論……已盡其旨，以其一偈以蔽之：「因緣所生法，我說即是空，亦為是假名，亦是中道義」。若簡要括之，整部般若經經意，濃縮於金剛經，而金剛經經意，則濃縮於心經也，心經開經即云：「照見五蘊皆空」，一見其旨；最需一提者，乃牟宗三教授之精闢之闡，牟教授說：般若經是「共法」，同於法華經為「無諍法」，法華經特是「系統的無諍」，而般若經乃「作用」之圓具，非「存有論」之圓具，「般若成全一切法」，非創生一切法，正如佛教式的存有論──「由十界互具之法身，保住一切法之存在」，非云法身能創生一切法也，此雖有異筆者所述佛陀即本體論之生起，（見第32、69頁），但不牴佛諦也，蓋本、末究竟有以然。上述乃學佛者須認識之經諦，故不憚瑣屑重複說明，蓋宜先有知於是，始便通識佛經之旨，譬有宗（阿賴耶）乃是一系統，對一切法有起源的說明，而空宗（般若）非一系統，只須以般若智參透之，而見諸法實相（一切法的真相）即可，它是一切法「所共」的諦理，共是因緣所生者，除了法華經特是宗於「佛意」者，特是「系統」的無諍，但也與其餘一切經、一切法、一切宗，皆共於般若，融通淘汰，蕩相遣執，皆歸實相也，故曰般若經是「共法」，且以**遮詮**的方式說，是消化層，非建立層，是無諍法，本身非系統教相，亦不決定其他是何系統，是「作用」的圓具，所謂實相，即是無相，即使佛、涅槃、一切種智皆然。

今以史實，驗證心經之效：

玄奘三藏於唐太宗貞觀三年（西元六二九年），前往印度取經，行前一晚，在四川・空惠寺遇一和尚疾於詢問行止，玄奘答曰：「欲往天竺取經」，對曰：「此途甚遙，又多災難，我有三世諸佛”心要法門“，師若受持，可保來往」，遂口授之，玄奘隨即筆記、注音（梵音述故），並予背誦；天亮時，玄奘不見和尚，遂整裝出發。

果如和尚所言：沿途多災——「道涉流沙，波深弱水，胡風起處，動塞草以愁人，山鬼啼時，對荒兵之落葉，朝行雪巘，暮宿冰崖，樹掛猿猱，境多魑魅」……玄奘一遇惡況，即誦和尚所授之心要法門四十九遍——「失路，即現化人指引，失食，則現珍饈，但有誠祈，即獲戩祐」……

如此苦行至天竺，一到天竺的那爛陀寺，忽見行前在四川・空惠寺所遇之和尚，和尚說：「恭喜來到天竺，祝取經早還，滿爾心願，我是**觀世音菩薩**」，**言訖沖空**。

之後，玄奘於天竺藏經閣中，見此「**心要法門**」，乃知即是心經，遂併所取俟譯諸經，備以攜回。貞觀十九年（西元六四五年），玄奘回抵長安，即將此情稟告唐太宗，皇示「事錄之」，隨書於西京．大興善寺石壁。（參見大正大藏經第八冊，唐梵翻對字音般若波羅密多心經，窺基和尚奉詔述序）。

◎六門陀羅尼經（全經347字）旨趣

六門陀羅尼經云：「若有清信善男子、善女人，能於日夜六時（於日夜各三時中行謂為六時行，亦即於一天二十四小時中，擇時行之可也）讀誦如是**六門陀羅尼經**者，**此人所有一切業障，皆悉消滅**」，這是如**藥師經云「拔除一切業障」**，一樣專致「除障」之法門，這兩部經均是**玄奘**所譯，**玄奘**當時在天竺，其師戒賢大師齡已一百一十五，猶諄諄告示此旨，**玄奘**回國即稟唐太宗，故吾等足資參行警策也。

此經最要一旨，乃世尊告**諸菩薩**：「**若欲利益安樂眾生**，汝當受此六門陀羅尼法」，足見此經重於自修而**利他**，且需日讀不輟有以致，不似他經以自修得佛加被而自利者，譬他宗教力行「祈禱」而自利者，可見此經之旨重於「**法施**」、「**無畏施**」，非只為己利也；我們皆知，此經是世尊告諸菩薩者，聽眾是菩薩及天眾，而菩薩又是覺者，天眾亦造詣甚深之「淨居天」眾，非人界之鈍根者世尊旨欲利益人眾而然者，故世尊告諸眾生，讀誦如是**六門陀羅尼經**者，**此人所有一切業障，皆悉消滅**，一見利他之果，德被眾生也。天親菩薩論此**六門陀羅尼經旨**在**資糧之集**，務於不失，故云「自斷資糧障、他斷資糧障、集一切資糧」，又云為「對治」有礙資糧之集，而說此六門次第，正如前述本經旨於法施、無畏施，俾可集資糧，而斷資糧障，此次第即經中六門次第：己受苦，不令他同受苦、己受樂，令他同受樂、作惡即悔、覺業而弭、集一切資糧、資糧為己利亦為他利，果能此道，**此人所有一切業障，皆悉消滅**。

清・蔣藹卿秋燈瑣憶文：「人生百年，夢寐居半，愁病居半，襁褓垂老之日又居半，所僅存者，十一二耳，況我輩蒲柳之質，猶未必百年者乎」；這是感性之言，卻很貼切，但人攝於智慧中，未必如此消極，聽天由命，佛道是有目標，抑有實踐者，正如以上法華經有闡

宇宙真相「是何」、「為何」，當參悟：一刻即是永恆，把握當下，即是把握此生也；人生百年，亦即一念，亦即一劫……前世已是，消業即是；來世何是？**濟生即是**，此即**人間淨土**，我們當**生活於是**，**未來因是——因地如是，果地循是而已**。

上云：「人，生而不平等」，這是指果地而言，意即有何因致何果，恆河沙眾生之所因各異，故致果有別，此「因果報應」諦，則是無人得以例外者，此諦即「絕對平等」法則，我們有見「十法界」中，從菩薩至地獄，一切有情於未究竟前，均有報於「不平等」之境，天親菩薩所云**資糧之集**——自斷、他斷資之障，務於不失資糧，此者，乃天親菩薩指導眾生，如何促進「平等」之旨也，此亦「**人生大務**」也，我們「**務務大務**」，最為切中以上所陳義理者，則為牟宗三教授所言：

於工夫中印證本體，在本體中領導工夫，工夫即本體（註三十九）。

此哲言即前述**宇宙本體名為法身，法身假名為釋迦牟尼**之註腳；筆者不憚有冗，再重複、再強調：

釋迦為姓，義譯為「能」，

牟尼為名，義譯為「仁」，釋迦牟尼佛假此「能仁」聖號，無盡闡說真理於大藏經，釋迦牟尼佛乃能仁者，能仁即行義也（註四十五）——唐君毅教授闡成其仁者謂之義，能仁於內，行義於外；而中國儒家亦主仁者，一切皆繫仁心操存而行義；操者，自強也，工夫也，實踐也，力行也，修行也，其諦操於好善、惡惡，擇善、去惡，並於眾生之「因地」精進此道也；儒、釋如一，「佛教是中華文化不可分割的一部分」，其諦甚明。

第六節　修行範例　每日修行儀軌及內容

（**消障為旨**，念、讀、誦，均須有聲，非默）。

一、啟儀：供香、供水、供花、果等供品，問訊、合十恭視釋尊聖相，敬念「**南無本師釋迦牟尼佛**」**聖號十二聲。**

二、首程：（一）恭念**南無釋迦牟尼佛聖號一千聲。**

（二）恭念**南無藥師佛聖號一千聲。**

（三）恭讀藥師琉璃光王如來本願功德經全經。

（四）恭誦藥師佛灌頂真言心咒：「**唵．鞞殺逝．鞞殺逝．鞞殺社．三沒揭帝．娑訶**」**108 遍。**

三、次程：（一）恭念**南無阿彌陀佛聖號　△聲。**

（二）恭念**南無觀世音菩薩聖號一千聲。**

（三）恭念**南無藥王菩薩聖號三百聲。**

四、三程：（一）恭讀**妙法蓮華經如來壽量品**第十六。

（二）恭讀**妙法蓮華經觀世音菩薩普門品**第二十三。

（三）恭讀**妙法蓮華經觀世音菩薩普門品**第二十五。
（四）恭讀**般若波羅蜜多心經三遍**。
（五）恭讀六門陀羅尼**經三遍**。

五、迴向： 願弟子〇〇〇今天恭念「**本師釋迦牟尼佛**」**聖號一千聲功德**、恭念「**世尊藥師佛**」**聖號一千聲功德**、恭讀藥師琉璃光王如來本願功德經全經功德、恭誦藥師佛灌頂真言心咒一百零八遍功德（**一一念出右列諸程所行功德**），**以上所有功德總**迴向弟子〇〇〇本人暨闔家大小，祈求：**本**師**釋迦牟尼佛**、祈求**藥師佛**、祈求**阿彌陀佛**、祈求**觀世音菩薩**、祈求**藥王菩薩**，**加被**弟子〇〇〇本人暨闔家大小都很健康、都很平安（依願加祈之）。

六、結儀：恭念「**南無本**師**釋迦牟尼佛**」**聖號**、「**南無藥師佛**」**聖號**、「**南無阿彌陀佛**」**聖號**、「**南無觀世音菩薩**」**聖號**、「**南無藥王菩薩**」**聖號各十二聲，合十、叩拜敬禮。**

如上修行，而悟覺「操存，舍亡」義諦，佛子若有便參加任何法）。會，甚佳，若以為如此，即可沾溉而福，則失之淺也；需知：沾因，**恃修而溉**，俗云說食不飽，自食乃飽，**因地精進，漸、頓果然也。**

蘇東坡乃修佛有道居士，我們共讀其詩：

荷盡已無擎雨蓋，
菊殘猶有傲霜枝，
一年好景君須記，
最是橙黃橘綠時。

一詩道盡〝**趁時**〞旨意也，趁時而「**解、修融一**」，警策：精進即本體，精進即報佛恩，特再以阿彌陀經所囑：不可以少「善根」、「福德」、「因緣」得生彼國，及藥師經有囑：由供養如來所得「善根」，修諸「福德」，以修福故，盡其壽命，不經苦患（註四十）而砥礪，務精進於自斷障、他斷障、集資糧於攝福德之要道，俾得**無生法忍**，大智度論曰：「乃至微細法不可得，何況大，是名無生，得此無生法，不作不起諸業行，是名得無生法忍」，道源法師（參見第十八頁）說：忍有**忍可**和**安忍**二義，忍可者，對無生法認識清楚，即是真正開了悟，真正見到無生法的本體，故名忍可，**此屬慧**；安忍者，不動之義，一得永得也，悟道之人，對於無生法，安住不動，**此屬定**；忍可及安忍就是**定慧一如**的境界；修行**定慧一如**，即攝智、行於：

以妄為邪
以瞋為惡
以苦為勵
以德為骨
以忍為友
以戒為師
以智為度
——得無生法忍

附註

註一、大正大藏經第四十五冊（諸宗部二）。

註二、牟宗三著現象與物自身第七章—執相與無執相底對照。

註三、牟宗三著圓善論—存有論。

註四、妙法蓮華經—法師品、見寶塔品、藥王菩薩本事品……。

註五、大正大藏經第八冊（般若部四）。

註六、妙法蓮華經化城喻品：阿彌陀佛為大通智勝佛未出家時之十六王子之一，後為沙彌、菩薩；這十六王子、沙彌、菩薩，皆勤為四部眾，廣說妙法蓮華經，常樂說妙法蓮華經而得「阿耨多羅三藐三菩提」（成佛）者。

註七、玄奘譯，另含論、釋，見大正大藏經第二十一冊（密教部四）。

註八、龍樹菩薩著大智度論。

註九、大正大藏經第十六冊（經集部三—大乘入楞伽經卷六）。

註　十、馮友蘭著中國哲學史隋唐佛學（下）—天台宗之大乘止觀法門。

註十一、釋印順著印度佛教思想史第三章—初期大乘佛法。

註十二、釋印順中觀論講記云，反證於大智度論—釋初品大慈大悲義第四十二（第二十七卷）。

註十三、南懷瑾著如何修證佛法第五講、第六講。

註十四、大正大藏經第四十六冊—湛然（荊溪）止觀輔行傳弘決。後（註十六）有記天女之言智者大師乃藥王菩薩再來，其師慧思大師是觀世音菩薩化身。

註十五、釋聖嚴著比較宗教學。

註十六、法華經傳記卷二。

註十七、法華經傳記卷二。

註十八、釋贊寧宋高僧傳。

註十九、神僧傳。

註二十、摩訶止觀卷一章安述。

註二十一、大正大藏經第四十六冊，諸宗部三—諦觀天台四教儀。

註二十二、普力宏法師講述佛教掌故話雪峰一文，茲摘述之：福建．鼓山．湧泉寺，即雪峰大師上品成就後，承脈建立者……本寺第一三〇代住持**虛雲禪師**（筆者註：大陸文化革命時，紅衛兵闖入寺內，將正入於禪定中之大師暴毆苦虐，時一百一十多歲之大師出定後，見遍體麟傷，但依然如常宏道；師齡一二〇歲：一八四〇—一九五九）、第一三一代住持**圓瑛禪師**（一八七八—一九五三）、第一三二代住持**盛慧禪師**（一八七四—一九五九），**普力宏法師**（一九二九—二〇一三）乃親承盛慧禪師密修雪峰大師一脈相傳上品成就之法門—「穢跡金剛法」者，嗣隨政府來台，深修佛道有成……若干年後成立大乘講堂，力宏佛法，皈依弟子甚夥，筆者於三十多年前，皈依普力宏法師習密（禪宗法脈圖如附表—第187頁）；有年，普力宏法師禪**阿闍梨**予力發法師，主持法務，力宏密乘，精進佛道，卓然傳法。

註二十三、智者大師著法華玄義—釋教相。

註二十四、天親菩薩著法華論：菩提流支譯。

註二十五、牟宗三著圓善論—圓教與圓善。

註二十六、牟宗三著佛性與般若下冊—第一章天臺宗之判教。

註二十七、牟宗三著佛性與般若下冊—第一節法華經之性格。

註二十八、智者大師著觀音玄義。

註二十九、涅槃經光明遍照高貴德王菩薩品。

註三　十、華藏世界乃示釋迦如來眞身毘盧遮那佛淨土之名，其最下爲風輪，之上爲香水海，海中生大蓮花，蓮花中包藏微塵數之世界，號蓮華藏世界，略名華藏世界；藏，乃涵攝義，出生義，具德義，亦即佛化世界，淨土世界—出離堪忍世界也。

註三十一、馮友蘭著人生哲學第十三章。

註三十二、涅槃經第十二卷。

註三十三、牟宗三著作甚多，相關佛教者：智的直覺與中國哲學、現象與物自身、圓善論、心體與性體、康德的道德哲學、康德純粹理性批判譯註、康德判斷力之批判、佛性與般若、認識心之批判、理則學、道德的理想主義、歷史哲學。

註三十四、仁王護國般若波羅密多經（奉持品第七）。

註三十五、法華經五百弟子受記品。

註三十六、法華經方便品。

註三十七、範例所列內容，乃以消除病、業障爲主，以應凡間現實生活之要者也。

註三十八、大正大藏經第五十冊（史傳部二）大唐大慈恩寺三藏法師傳。

註三十九、牟宗三著圓善論第二章心、性與天與命。

註四　十、藥師經中，救脫菩薩云及避免遭遇九種橫死時，需修諸福德。

註四十一、唐君毅著生命存在與心靈境界上冊導論第一節。

註四十二、摩訶般若經散花品第二十九。

註四十三、摩訶般若經知識品第五十二。

註四十四、序文所陳：

總述於一——本體，旨闡"無爲法"於法華經、涅槃經、圓覺經、仁王護國經……。

分述於多——法門，旨列"有爲法"於其他一切經。

註四十五、唐君毅著生命存在與心靈境界下冊第三十二章。

註四十六、黃建中著比較倫理學。

註四十七、優婆塞，意譯曰：清信士，皈依三寶，在家受五戒之男子，中國常稱爲居士。

註四十八、上海大學教授沈海燕著法華玄義探微。

註四十九、馮友蘭著貞元六書·第五冊新原道及第六冊新知言。

註五十、展望二十一世紀——湯恩比與池田大作對話錄。

禪宗法脈圖

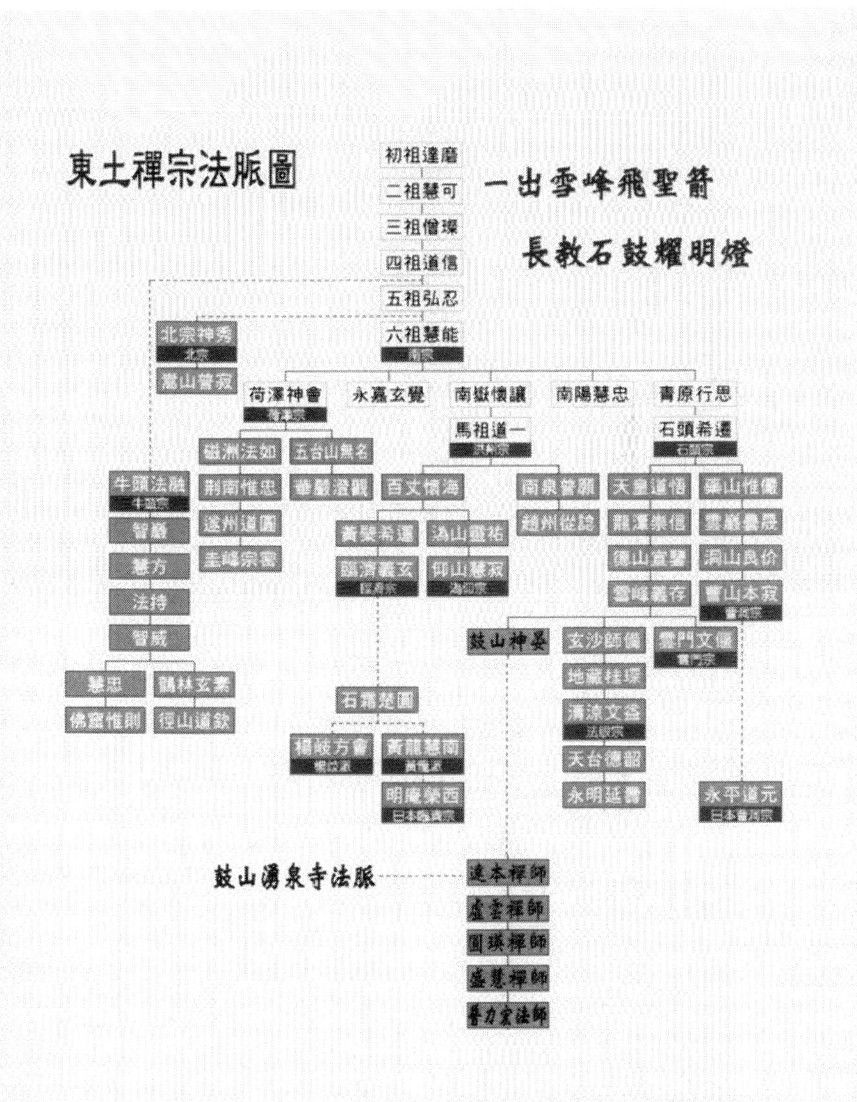
東土禪宗法脈圖
一出雪峰飛聖箭
長教石鼓耀明燈
初祖達磨
二祖慧可
三祖僧璨
四祖道信
五祖弘忍
六祖慧能
北宗神秀
嵩山普寂
荷澤神會
永嘉玄覺
南嶽懷讓
南陽慧忠
青原行思
馬祖道一
石頭希遷
磁州法如
五台山無名
荊南惟忠
華嚴澄觀
遂州道圓
圭峰宗密
牛頭法融
智巖
慧方
法持
智威
慧忠
鶴林玄素
佛窟惟則
徑山道欽
百丈懷海
黃檗希運
溈山靈祐
臨濟義玄
仰山慧寂
南泉普願
趙州從諗
天皇道悟
藥山惟儼
龍潭崇信
雲巖曇晟
德山宣鑒
洞山良价
雪峰義存
曹山本寂
鼓山神晏
玄沙師備
雲門文偃
地藏桂琛
清涼文益
法眼宗
天台德韶
永明延壽
石霜楚圓
楊岐方會
黃龍慧南
明庵榮西
日本臨濟宗
永平道元
日本曹洞宗
鼓山湧泉寺法脈
遠本禪師
虛雲禪師
圓瑛禪師
盛慧禪師
普力宏法師

跋

佛教義理深奧，但可覺而悟之，此者，蓋因佛諦乃屬「實踐理性」範疇，非「純粹理性」可然，無法以科學知識求得，科學可析物質至微於電子、質子、中子……，卻無法知求無涯之宇宙本體，概如康德所言：「其理性批判，乃在於防誤，非力於擴知……科學只能求得"現象界"之知識，非"物自身"之知識，故合理之形而上學，乃不可得者」，此云，蓋有繫於畢竟存在之「物自體」未解也，此者科學有示：「吾人只能思，而不能知」，故本體之知解，為之繫縛而滯也。

已往，科學證示宇宙由「極微」（電子、中子……）所構成，而愛因斯坦相對論卻以「事素」（events）代極微，事素之云，可釋為「**時間原素**」，或「**空間原素**」；愛因斯坦又引釋時間擴張之理，空間縮小之義，說時間無同時，空間非絕對，並舉例言：有雙胞胎兄弟，年長後分住二地，一在行進狀態中，一在靜態地，二者之時間計度非一（行進中較慢）；十年後雙生兄弟相見，一年輕、一年老；此喻即示：**勿以絕對觀，應理於相對之然也**，云何相對？時間即永恆，空間即無限；此等即闡：時間即生命，空間即存在。

唐君毅教授對此真諦解說較為詳明，他說：「生命即存在，存在即生命；如以生命為主，則言生命存在，即謂此生命為存在的，存在的為生命之相；如以存在為主，則言生命存在，即謂此存在為有生命的，而生命為其相；生命或存在為主，則心靈為其用，此體、相、用，可相涵而說，乃一**存在**而有**心靈**的**生命**」（註四十一）；愛因斯坦又究言：「人對於經驗世界之終極不可理解性，即對世界之唯一可理解者」，這就是說明：人類缺少終極性之先驗方法，這個先驗方法之略述，已於文中有陳（見第67–74頁），此先驗即指世界之「第一因」也。

此旨正契佛教因緣諦，許多論述者，卻因佛教之因緣論，而指佛教乃否定第一因之旨諦者，因為佛教認為一切法皆由因緣生，則非「第一因」生，此論即未悟佛旨者也，何則？以其未悟「有為法」與「無為法」之諦也，本文特先於「自序」中，開宗明義言，**宇宙本體即是佛**，也於全文中對此多有所闡、並多以事為證，也特指述佛道並非以科學方法求得之「決定性概念」，決定性概念，可由純粹理性理致（譬如物理、化學科所得之公式屬之），而佛道屬實踐理性，故特**假**愛因斯坦之喻，以契其諦；**假者假借也**，假借即**非實**，般若經中云「**不壞假名而說諸法實相**」（**註四十二**），**釋尊**重複述此，又再重複釋此；云何為假名，**釋迦牟尼佛**亦是假名也，**釋尊**示云：「一切法皆可趣任一法，是趣不過」並例言：「江河大海四邊水斷，是名為洲，色亦如是，前後際斷……一切法亦爾」，故時、空諦之於「本體」，愛因斯坦假名「事素」，「本體」者何？**釋迦牟尼佛**是也（文中所例「A=A」、「以邏輯證述佛諦」，及康德之闡：「"**德福一致**"是上帝存在之必然因果」諸文具見67–74頁），故**釋尊**云「一切法皆可趣任一法，是趣不過」（**註四十三**），這是很重要之旨諦，**釋迦牟尼佛**在般若經中亦重複、再重複釋此之道，可見此旨之要，學佛者務契其諦，知「一切法趣空，是趣不過，一切法趣△△，是趣不過……」之諦旨，理解**釋尊**再三述說此諦之有所期望，宇宙本體諦理即可由之而解也；前文已述「十如是」，此即宇宙本體之所徵，十如是者，如是相、如是性、如是體、如是力、如是作、如是因、如是緣、如是果、如是報、如是本末究竟等，「前九如是」乃詮諸法為**差別相**，而「最後一如是」，是明諸法之**平等性**，天臺宗特解釋「本末究竟等」，是空、假、中皆等，故**即是實相**，實相即詮宇宙本體者，易言之，本體假名為**釋迦牟尼佛**，不壞假名而說實相，此實相體現之於十如是，徵證於「一切法皆可趣任一法，是趣不過」，吾人若悟得此義，修習之，即可致究竟，亦即可以**究竟目標而消化有冗過程**也。宇宙眾生皆是佛，未語其為佛者，**未究竟**而已，蓋從「**證境**」言佛，不是從假名的個體存在而言佛，究竟有道，以信、解、行、證之理程圓暢之，亦即**依法修行**是也，亦即前述牟宗三教授之言：「**工夫即本體**」之諦理是也，**修行就是工夫**，也就是本書一開始序文之引智者大師所說：「法華經唯論如來設教大綱」——只闡本體，「不委微細網目」——不述法門者，若能由此理解之，雖然佛教義理深奧，但可覺而悟之，悟什麼？悟此諦也——**法華經所說佛旨乃「本體非法門即法門」**，法門即修行，修行即工夫，**本書即貫述、綜述、解說此諦：「工夫即本體」者也。**

前文已述：法華經旨述於「開佛知見、示佛知見、悟佛知見、入佛知見」，**釋尊**說自己就是**為此知見——「一大事因緣」出現於世者**，又說：「是法非思量分別之所能解」，又說此知見，唯有諸佛乃能知之（見方便品），故正智（佛知見）為**能證**，實相為**所證**，悟此能、所之知見，即是佛道；佛道係一佛乘，無有餘乘，餘乘乃以方便力，於一佛乘分別說三（方便品），其義即示：「有為法」繫於因緣所生，「無為法」則不繫於因緣，佛乘究竟於無為法，餘乘則仍程續於有為法；金剛經最後**佛**特囑：「不取於相，如如不動；何以故？**一切有為法**，如夢幻泡影，如露亦如電，應作如是觀」，此乃**金剛經全經義趣**；故吾人須悟佛道於**「無為法」——不取於相，如如不動**；如如者，如真如也，真如者，佛、實相、如來藏、法身……也，本文應此而撰，俾有以喻；圓覺經曰：「種種取捨，皆是輪迴……覺則無漸次，方便亦如是」；法華經更扼述**佛**之**因地法行**，義趣於有為、無為法旨諦（**註四十四**），龍樹菩薩於大智度論釋：「若除有為，則無無為；有為實相，即是無為」，精闢之闡也。

希臘古哲亞里斯多德創形而上學，即以之與物理學相對者；易繫辭曰：「形而上者謂之道，形而下者謂之器」；道，研究本體者；器，研究物理者；此等文中已述，仍須再摘其旨，俾見其鍵：

大體而言，如序文說，**釋迦牟尼佛**總述佛教於一——本體，分述於多——法門，結論於——一切眾生皆可消除業障，皆可成佛；此中諦理於**如來**設教大綱——法華經，而佛經（一切經）浩瀚，皆分述於各法門，智者大師云之為「微細綱目」者，**本師**說法四十九年，除說法華經之八年外，其中大部時間（四十一年）皆在陳述微細綱目，此中講般若經二十二年，因係共法故，瑣而耗時也；且各經諸論者為明其旨，更竭思以求，亦得浩瀚論、疏，致學者感於多、瑣，一時難有相宜之措也。

本體喻「**理**」，法門喻「**事**」，此道，智者大師以化法四教——藏、通、別、圓以括之，藏、通、別乃述各法門者，抑「**述事**」者，唯圓教係述法華經者，並創天台宗以闡發「**其理**」，其諦艱深，即使賢如賢首、清涼國師等華嚴宗大師，猶難諦解，況凡者耶，筆者苦思其奧，而作此文，冀求通識而普知。

觀夫此鍵，誠如牟宗三教授之慧言旨陳：「第一序、第二序」之理喻，亦如其以彼擅專之邏輯學養所釋：「天臺宗以『**圓融之路**』闡發佛旨，華嚴宗以『**分解之路**』分析佛道」，智人所闡，點出其奧，宜予珍惜也。所謂「分解之路」，即是華嚴宗家，以其所倡六相圓融之「多德非一，別依止總，滿彼總故」之理諦，卻而自陷其鈍，何則？多德非一也，亦即以「一含多德」總相之矛，攻己別相之盾而有紛也。

所云分解之路，即「**事中觀事**」，如蘇東坡詩「不識廬山真面目，只緣身在此山中」處境；而圓融之路，則於「**理中觀事**」，亦即「**事上觀事**」也；事中觀事，乃以分析方式求解，文內已述：「**分析方式只是一概念的分析**，他**不能超越該概念以外而有所知**，亦即**它不能由**

此方式而得到綜合的知識」，故其徒得個、個之旨而已；理中觀事，則以綜合之法解之，主詞、謂詞雖分，但可融合諦解之；以上多有贅述，蓋其有繫深奧諦理，特加強調，俾以更明耳。

佛道修行並非高蹈事，眾生居此塵世，必「**即著而是**」，**遠離顛倒夢想**，所謂圓融，亦非徒慕理想境界者，乃「**即事而真**」之切中之行，故雖有見塵世政治之紛，分裂之態，均應著眼於「**成相**」而融合之，俾和樂眾生之生存，故所云**華藏世界——世界中華**，即云此旨歸者也，書內「結語」（第五章．第127頁），特籲身處**中華**民眾，須行此「大行」，俾「大行」此務——「務務大務」於**中華之融合**，蓋「**共業**」**有消**，「**別業**」**則易泯也**，全文已述甚詳，且以佛道教示：若欲解脫個業有纏，方便之道即遵天親菩薩之囑「善集資糧」，資糧就是充足有益之條件，具備條件，就是以遂功德也，重點在於必先斷除功德之障礙，天親菩薩說：自斷資糧**障**、他斷資糧**障**，才可以集一切資糧；自斷障**恃修而能**，他斷障**恃智而緣**，而其關鍵則操存於普賢菩薩之四句偈：

我昔所造諸惡業，
皆由無始貪嗔癡，
從身語意之所生，
一切我今皆懺悔。

懺悔者何？摩訶止觀云：「懺名**陳露先惡**，悔名**改往修來**」；概釋之，懺即**知惡因**於身、語、意，悔即**止惡業**於貪、嗔、癡；此偈乃**佛道之肇始**，可緣**入趣佛道**，**進趣成相**也，吾人互勉於知行合一，義理於性具善惡，修行於泯惡成善，**知佛教義理**，**修佛教法門**，荊溪大師解云：**諸佛得事**，**眾生但理**：

諸佛得事——已證，此實然也，悟道也，本體也；
眾生但理——將證，此可然也，感應也，修行也。

綜文結論：吾人難得報身於最善修行之人道中，務珍惜此至德因緣，而究竟人生於求真、向善、賞美、入聖，臻入菩提道——華藏世界。

居士徐　兆　勳　敬跋

二〇一九年元月一日

附錄一

般若波羅密多心經

唐三藏法師玄奘譯

觀自在菩薩，行深「般若波羅密多」時，照見五蘊皆空，度一切苦厄；舍利子！色不異空，空不異色，色即是空，空即是色，色、想、行、識亦復如是；舍利子！是諸法空相——不生、不滅、不垢、不淨、不增、不減；是故，空中無色，無色、想、行、識，無眼、耳、鼻、舌、身、意，無色、聲、香、味、觸、法；無眼界，乃至無意識界；無無明，亦無無明盡，乃至無老死，亦無老死盡；無苦、集、滅、道，無智亦無得，以無所得故，菩提薩埵，依「般

若波羅密多」故，心無罣礙，無罣礙故，無有恐怖，遠離
顛倒夢想，究竟涅槃；三世諸佛，依「般若波羅密多」故，
得「阿耨多羅三藐三菩提」；故知：「般若波羅密多」，
是大神咒、是大明咒、是無上咒、是無等等咒，能除一切
苦，真實不虛；故說「般若波羅密多咒」，即說咒曰：
揭諦，揭諦，波羅揭諦，波羅僧揭諦，菩提薩婆訶。

附錄二

六門陀羅尼經

唐三藏法師玄奘譯

如是我聞：一時薄伽梵，在淨居天上，依空而住眾妙七寶莊嚴道場，與無央數菩薩眾俱。爾時，世尊告諸菩薩，善男子！若欲利益安樂眾生，汝當受此六門陀羅尼法，謂「我流轉於生死中諸所受苦，勿令眾生同受斯苦」、「諸有所受富貴世樂，願諸眾生同受斯樂」、「我所作惡，若未先悔，終不發言稱無上法」、「我諸所有眾魔之業，若未先覺，終不舉心緣無上法」、「我諸所有波羅蜜多所攝，一切世及出世世廣大善根，願諸眾生皆當速證無上智果」、「我證解脫，亦願眾生皆得解脫，勿令住著生死涅槃」。

陀羅尼曰：

儎謎儎謎．羼諦羼諦．跋迭麗．跋迭麗．跋迭麗．穌跋迭麗．穌跋迭麗．諦誓諦誓．戰迭麗．戰迭麗．戰迭麗．戰迭邏伐底．低殊伐底．達磨伐底．薩縛結棣鑠．毗輸達你．薩縛阿刺託．莎達你．末諾僧輸達你．莎訶。

若有清信善男子善女人，能於日夜六時，讀誦如是六門陀羅尼者，此人所有一切業障，皆悉消滅，疾悟「阿耨多羅三藐三菩提」；時薄伽梵說是經已，一切菩薩摩訶薩及諸天眾，聞佛所說，皆大歡喜，信受奉行。